ALL COLOR・ALL COLOR・ALL COLOR・ALL COLOR・
オールカラー版

事例&イラストが満載だから、
スグに身につきます

敬語の教科書 1年生

新星出版社

はじめに

親しい友だちや家族と話をするときに、敬語や言葉づかいに悩む人はいません。

ところが、相手が仕事の取引先であったり、会社の上司であったりすると、とたんに気後れして、自分の意見や考えを口にするのが苦手だと感じてしまう人がかなりいるようです。

「失礼なことを言って、相手を怒らせてしまったらどうしよう?」

「こんな言い方をしたら、恥をかくんじゃないだろうか?」

そんな不安が頭をもたげて、突然、言いたいことが言えなくなってしまうのです。

私たちが敬語を身につける目的は、年齢や経験、立場などが違う人と、良い関係を築くことにあります。丁寧な言い方を身につければ、上司や先輩、お客さま、目上の人などの前で自分の意見をはっきり主張できるし、言いづらいことをお願いしたり、感謝やおわびの気持ちをストレートに述べることができます。また、親しい相手とも敬語を使って話せば、プライベートと区別した改まった気持ちも伝えられます。

敬語をおぼえることは、文法の解説書を紐解いて、言葉を学習することではありません。大切なのは、相手を思う気持ちを養うことです。

「お越しいただき、ありがとうございます」

「お手数をおかけしますが、よろしくお願いいたします」

相手を敬ったり、立てたりする配慮が身につき、そんな言葉がふと口をついて出てきたとき、相手との距離が自然と縮まるのです。

本書との出会いが敬語を話す自信につながり、会社やふだんの生活において、よりすばらしい仲間に恵まれるきっかけとなれば幸甚です。

Contents

PART 2 〈シーン別会話文例〉接客、訪問、接待

PART 3 〈シーン別会話文例〉電話応対

PART 4 〈シーン別会話文例〉コミュニケーション

スタッフ
＊デザイン・装丁・DTP＝田中律子
＊イラスト＝Bikke
＊編集協力＝村瀬航太／有限会社 クラップス

本書の見方と使い方

本書は、適切な敬語や丁寧な言葉づかいを紹介した、会話文例集です。推奨する文例には○を付して、△や×の文例と区別していますが、誰に対しても同じような言い方をすればいいというわけではありません。相手との関係や状況によって、敬語はさまざまな形に変化するからです。

たとえば、目上の人や取引先の人に対しては、礼を尽くした丁寧な表現を用いますが、部課内の親しい先輩や同僚に対しては、多少くだけた言い方でも失礼にはあたりません。むしろ、自然な言葉づかいで接したほうが、相手との距離が適度に縮まって、仕事上の人間関係が深まるケースもあります。

敬語は、信頼や尊敬の気持ちを表す、言葉によるコミュニケーションです。それぞれの立場や状況をわきまえて、自分にもっともふさわしい言い回しを見つけましょう。

おもなマーク

○ 相手を立てた、もっとも丁寧な言い方。話の要点を簡潔に伝える、スマートな言い回し

× 言葉の使い方に誤りがある文例。配慮に欠けた言い方

△ やや丁寧さが足りない文例。避けたほうが無難な二重敬語。状況によっては許される、くだけた言い方など

▼ 上司や同僚よりも先に帰宅するとき

× お疲れさまでした

○ **お先に失礼いたします**

言い換え 申しわけありませんが、お先に失礼させていただきます

社内に残っている人に、一声かけてから退社します。会社に残ってまだ仕事を続けている人に「お疲れさま」は不適切。上司や同僚よりも先に帰宅するときは、「お先に失礼いたします」と述べましょう。

言い換え　言い換え文例

…＋　○のあとに続く文例

＋…　○の前に述べる文例
会話を円滑に進めるためのクッション言葉

関連　言葉の使い方について、関連した文例

文例のポイント

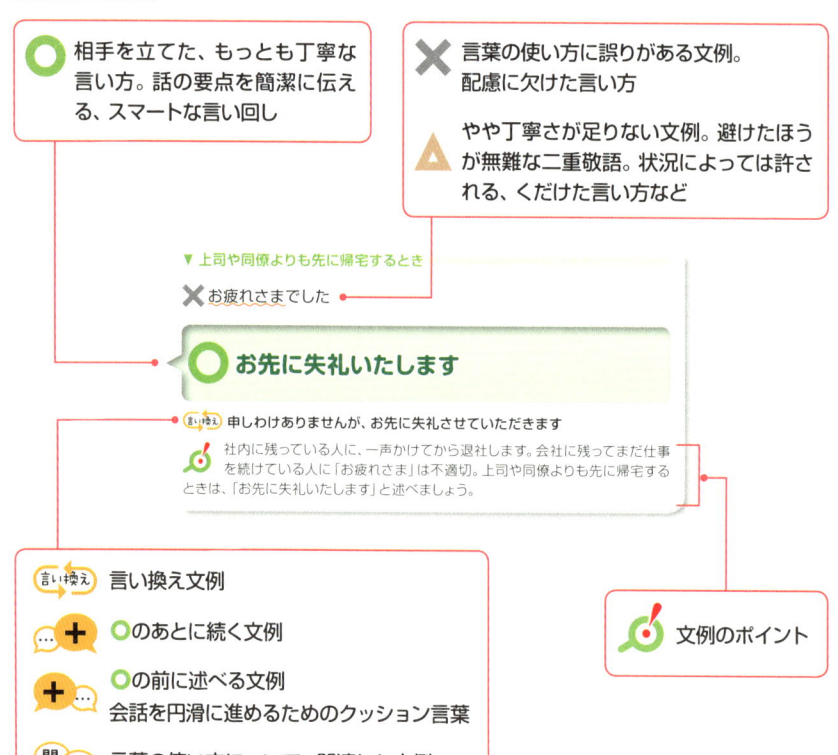

PROLOGUE

敬語のキホン

なぜ敬語を使うのか？

敬語は、社会人にとって必須のマナーです。敬語を使って他人に尊敬の気持ちを表せる人は、仕事でもプライベートでも好印象を与え、周囲から信頼を得ることができます。

▼敬語はコミュニケーションの潤滑油

そもそもなぜ、私たちは敬語を使わなければならないのでしょうか？

それは、**年齢や経験、立場が違う人たちとコミュニケーションをはかり、いっしょに仕事や生活をしていく**ためです。

目上の人を立てるというのは、日本人の習慣であり、美徳です。たとえ相手が利害関係のからまない、見知らぬ人であっても、言葉の上で相手を立てて話をすることは、日本では常識として定着しています。

また、仕事においては、上司や先輩、取引先の会社の人、お客さまに対して、敬語を用いるのがマナーとされています。だから、敬語を使いこなせない人は、どんなに仕事をこなす能力が高くても信頼を得られず、いつまで経っても一人前とみなされないのです。

敬語は、人間関係を円滑に保つための潤滑油と言われています。敬語を適切に使って相手を敬えば、どんな相手に対しても、自分の意見をはっきりと主張できるし、心からの謝罪の気持ちを表すことができます。反対に、敬語が正しく使えないと、相手に誤解や不快感を与えて反発を招き、最悪の場合は怒りを買うことになります。そんなことではとうてい、重要な仕事を任せられるはずはありません。

つまり、敬語は、周囲の人たちの気持ちをやわらげて、気持ちの良い人間関係をつくり、自分を受け入れてもらうための手段なのです。敬語をうまく使いこなせない人は、仕事でもプライベートでも居心地の悪い思いをして、損をするということになるのです。

敬語の効能

- 初めて会った人に、好印象を与えることができる
- 言いたいことをはっきり伝えることができる
- 居心地の良い空間をつくることができる

▼ 失敗を恐れずに、実践で学ぶ

敬語は、一朝一夕で身につくものではありません。とくに社会人になりたてのころは、その使い方に戸惑いをおぼえ、自信を無くすこともあるでしょう。だけど、臆することはありません。**最初から敬語を完璧に話せる人などいない**からです。

ビジネスの場では、年齢、役職、立場などが異なるさまざまな人たちと接する機会が多くあります。敬語は、これらの人たちとコミュニケーションをはかる手段なので、相手との関係や状況に応じた言い方を見つける必要があります。この一冊を暗記すれば完璧だというマニュアルがあればいいのですが、敬語は、目の前の相手や、話題にする人物との関係によって、使うべき言葉の組み合わせが変化します。一例を示して、いつも同じ話し方をすればいいと説明するのは難しいのです。

したがって、**敬語をマスターするには、実践で学ぶのがいちばん**ということになります。先輩たちが使っている言い回しをまねて、自分のものにする。積極的に自分からお客さまに話しかけ、間違いに気づいたら上司や先輩に訂正してもらう。そんな繰り返しが、敬語修得の早道になるのです。

同時に、敬語の種類やしくみをおぼえることも肝心です。尊敬語と謙譲語の違いなど、敬語の基本を最初の段階でしっかり頭にたたきこむことで、応用力が備わるからです。

敬語を使うべき相手

・社内の人
上司、先輩、同僚、後輩、
アルバイトなどのスタッフ

・社外の人
取引先の人、お客さま

たとえ自分が年上であっても、社外の人には敬語を用いるのがマナーです。会社の同僚や後輩に対しても、仕事中は敬語を用いて、緊張感を保つようにしましょう。

敬語のしくみをおさらいする

フレーズを丸暗記するだけでは、敬語を身につけたことにはなりません。相手や場面、状況に応じて、敬語を自然に使いこなすためには、まずはその種類と基本的な働きを理解することが大切です。

▼ 5種類の敬語

敬語が苦手な人は、尊敬語と謙譲語の使い分けに不安を感じている人が多いようです。でも、実際はそれほど難しいものではありません。あえて簡単に説明すれば、相手の行為を表すときは尊敬語、自分の行為を表すときは謙譲語を用いればいいのです。

どちらも大切なのは、相手を立てるということ。社外の人に向かって、社内の人を話題にするときは、たとえ上司であっても、尊敬語を用いずに謙譲語で話します。まずはこれさえおぼえておけば、問題はありません。

敬語を使いこなすには、敬語の種類や働きを知っておくことが近道です。本書では、平成19年に作成された文化審議会答申「敬語の指針」に基づいて、敬語を以下の5種類に分けて解説をします。

1 尊敬語　「いらっしゃる・おっしゃる」型
例)ご覧ください

2 謙譲語Ⅰ　「うかがう・申し上げる」型
例)差し上げます

3 謙譲語Ⅱ　「まいる・申す」型
例)御社にまいります

4 丁寧語　「です・ます」型
例)おいしゅうございます

5 美化語　「お酒・お料理」型
例)お酒が好きです

1 尊敬語　「いらっしゃる・おっしゃる」型
～相手の行為やものごとなどに対して、尊敬の気持ちを表す

行為についての尊敬語	ふだんの言葉
いらっしゃる、おいでになる	行く、来る、いる
見える、来られる	来る
おっしゃる	言う
なさる	する
くださる	くれる
読まれる、お読みになる	読む
ご覧になる	見る
召し上がる	食べる、飲む
お出かけになる	出かける
利用される、ご利用になる	利用する
ご出席になる	出席する
始められる	始める
お休みになる	寝る
お召しになる	着る

尊敬語とは、〈相手側または第三者の行為・ものごと・状態などについて、その人物を立てて述べるもの〉、簡単に言えば、相手や話題に登場する人物を立てる敬語表現のことです。

相手を心から敬っている場合や、状況において尊重したほうがいいと考えた場合、尊敬語を使って相手を立てれば、言葉の上で自分よりも高く位置づけることができます。

尊敬語を使うべき相手は、社長、上司、社外の人、年長者などです。ただし、社外の人と話をするときは、社内の人を身内とみなすことになるので、たとえ社長や上司のことであっても尊敬語を用いてはなりません。

部長は本日、本社へ行く予定でしたね

↓

部長は本日、
本社へいらっしゃる予定でしたね

「行く」のかわりに「いらっしゃる」という尊敬語を用いれば、相手を立てることができます。

部長は本日、
本社へ行かれる予定でしたね

「行かれる」「来られる」「読まれる」のように、普通の言葉に「〜（ら）れる」をつけた、尊敬語の形もあります。

▼ 話題に登場する人物を立てる

尊敬語は、相手と1対1で話をするときだけではなく、相手側の家族や第三者と話をするときにも用いられます。つまり、相手がその場にいなくても、尊敬語を使って相手を立てることができるのです。

たとえば、上司の行為・ものごと・状態などについて敬語を使えば、話の相手が上司の家族や同僚であっても、上司を立てることになります。

上司の話
尊敬語
相手側の人物と話をするとき
あなた
上司の家族
（話の相手）

上司の話
尊敬語
第三者と話をするとき
あなた
同僚
（話の相手）

▼ ものごとや状態についての尊敬語

尊敬語には、行為の他にも、ものごと（名詞）や状態（形容詞など）についての尊敬語があります。

お客さまのお名前とご住所をお聞かせください
皆さま、お元気でいらっしゃいますか？
先輩、今週末はお忙しいですか？

「わたくしのお名前は○○です」などと、自分側のものごとに尊敬語を使うのはNGです。

2 謙譲語Ⅰ　「うかがう・申し上げる」型
～へりくだることによって、相手を高め、敬意を表す

行為についての謙譲語Ⅰ	ふだんの言葉
うかがう	行く、聞く、たずねる
申し上げる	言う
存じ上げる	知る
差し上げる	あげる
いただく	もらう
お届けする	届ける
お誘いする	誘う
ご案内する	案内する
ご説明する	説明する
お目にかかる	会う
お目にかける／ご覧に入れる	見せる
拝見する	見る
拝借する	借りる

謙譲語Ⅰとは、〈自分側から相手側または第三者に向かう行為・ものごとなどについて、その向かう先の人物を立てて述べるもの〉、簡単に言えば、**自分や話題に登場する人物を低めることによって、相手を高め、敬意を表す**敬語です。

行為についての謙譲語Ⅰには、「うかがう」「申し上げる」「差し上げる」「お目にかかる」などがあります。

相手を敬うとともに自分側をへりくだって述べる場合や、状況において尊重したほうがいいと考えた場合、謙譲語Ⅰを使って自分側を控えめに表現すれば、相手を立てることになり、言葉の上で自分よりも高く位置づけることができます。

また、謙譲語Ⅰは、「お客さまへの**お手紙**」「お客さまへの**ご説明**」などと、ものごと（名詞）について使われることがあります。

明日、御社に行きます

↓

明日、御社に**うかがいます**

「行く」のかわりに「うかがう」という謙譲語Ⅰを用いれば、相手を立てることができます。

▼ 社内の人の行為に謙譲語を用いるとき

謙譲語Ⅰは、自身の行為だけではなく、自分側の人物や第三者の行為について使うことができます。

たとえば、社外の人に対して、社内の人の行為などを話すときは、尊敬語ではなく、謙譲語Ⅰを用います。

例 社外の人に対して、社内の人の行為を話す場合

○ わたくしどもの社長が、御社へうかがう予定です

× わたくしどもの社長が、御社へいらっしゃる予定です

3 謙譲語Ⅱ　「まいる・申す」型
～自分側の行為をへりくだって、丁重に述べる

行為についての謙譲語Ⅱ	ふだんの言葉
まいる	行く、来る
申す	言う
いたす	する
おる	いる
存じる	知る、思う

謙譲語Ⅱとは、〈自分側の行為・ものごとなどを、話や文章の相手に対して丁重に述べるもの〉、簡単に言えば、話題に登場する人物を低めることによって、**話を聞いている相手に敬意を表す**敬語です。

自分の行為だけではなく、「会社の者がまいります」などと自分側の人物の行為についても使えますが、「どちらからまいりましたか？」などと、相手側の行為に謙譲語Ⅱを使うのはNGです。

また、謙譲語Ⅱは、自分に関するものごと（名詞）を控えめに表したいときに、「小社」「弊社」「拙宅」のように使われることがあります。

明日、御社に行きます

↓

明日、
御社にまいります

「行く」のかわりに「まいる」という謙譲語Ⅱを用いれば、丁重さが増して、改まった印象を与えます。

明日、
営業の者が御社にまいります

謙譲語Ⅱは、自身の行為だけではなく、自分側の人物の行為についても使うことができます。

▼ 謙譲語Ⅱと謙譲語Ⅰの違い

謙譲語Ⅱは、話を聞いている相手に対する敬語なので、話題に登場する人物が立てるのにふさわしくない人物であっても、同じように「まいる」などを使うことができます。

一方、謙譲語Ⅰのほうは、〈向かう先〉に対する敬語なので、その人物が立てるにふさわしくない場合は、「うかがう」などを使うことができません。

〔謙譲語Ⅱ〕**まいる**

○ **明日、御社にまいります**

○ **明日、妹のところにまいります**

「まいる」は、話の〈相手〉に対する敬語なので、〈向かう先〉の人物が妹であっても、同じように使用できます。

〔謙譲語Ⅰ〕**うかがう**

○ **明日、御社にうかがいます**

✕ 明日、妹のところにうかがいます

「うかがう」は、〈向かう先〉に対する敬語なので、その人物が立てるにふさわしい場合にかぎって使われます。

4 丁寧語　「です・ます」型

～「です」「ます」をつけて、丁寧な気持ちを伝える

文末に「です」「ます」などをつけて、〈話や文章の相手に対して丁寧に述べるもの〉を丁寧語といいます。言い回しを丁寧にすることで、**話し手の丁寧な気持ちを伝えて、敬意を表す**ことができます。

また、目上の人やお客さまに対しては、さらに丁寧さの度合いが高くなる「（で）ございます」を使うこともあります。

受付は1階だ ➡ **受付は1階です／受付は1階でございます**

午後から雨が降る ➡ **午後から雨が降ります**

おいしい ➡ **おいしゅうございます**

▼ 親しい間柄では丁寧語のみの敬語でもOK

丁寧語は、尊敬語や謙譲語と組み合わせて使う場面が多いものですが、丁寧語だけを使っても軽い敬意を表すことができます。親しい相手に対しては、堅苦しい言い回しを避けて、あえて丁寧語のみの敬語を用いてもいいでしょう。

〔尊敬語+丁寧語〕→「ご覧になる」（尊敬語）＋「ます」（丁寧語）

先輩は、最近、映画をご覧になりましたか？

〔丁寧語のみ〕→「ます」（丁寧語）

先輩は、最近、映画を観ましたか？

5 美化語　「お酒・お料理」型
～「お」「ご」をつけて、上品さをそえる

お酒、お茶、お料理、お菓子、お箸、お金、お化粧、おみやげ、ご祝儀、ごあいさつ

名詞の頭に「お」や「ご」をつけて、〈ものごとを美化して述べるもの〉を美化語といいます。美化語を使うことで、表現が美しくなり、話し手の上品さや礼儀正しさを伝えることができます。

ただし、外来語であるビールに「お」をつけて、「おビール」とするのは一般的ではありません。トイレなどの外来語は、そのまま「トイレ」とするか、「お手洗い」「お化粧室」などの日本語の表現に言い換えましょう。

お酒を召し上がりますか？
お料理は、お口に合いましたでしょうか？

間違いではありませんが、美化語を使わずに「酒」「料理」と言ってしまうと、相手にぞんざいな印象を与えかねません。

過剰な敬語は意味を伝えづらくする

敬語は、年齢や立場が違う人とのコミュニケーションを円滑にするための表現。丁寧に言おうとするあまり、表現が回りくどくなってしまうと、相手に意味が伝わりづらくなります。

▼ 二重敬語

〈一つの語において、同じ種類の敬語を二重に使ったもの〉を「二重敬語」といい、一般的に適切ではないとされています。

たとえば、「読む」を「お読みになる」と尊敬語にした上で、さらに語尾に尊敬語の「れる・られる」をつけた、「お読みになられる」といった表現です。

敬語を使いすぎると、回りくどい言い方になって真意を相手に伝えにくくなるので、できるだけシンプルな表現を心がけましょう。

ただし、二重敬語であっても、「お召し上がりになる」「お見えになる」「おうかがいする」のように、習慣として定着しているものもあります。

〔二重敬語〕 **お読みになられる＝「お読みになる」＋「れる・られる」**

△ 資料をお読みになられましたか？

〔二重敬語を避けたシンプルな敬語表現〕

○ 資料をお読みになりましたか？

○ 資料を読まれましたか？

「お読みになりましたか？」「読まれましたか？」とシンプルに言ったほうが、意味も伝わりやすくなります。

▼ 敬語連結

二重敬語ではありませんが、〈二つ以上の語をそれぞれ敬語にして、接続助詞「て」でつなげたもの〉を「敬語連結」といいます。

たとえば、「ご案内する」に「さしあげる」をつなげた「ご案内してさしあげる」、「お読みになる」に「いらっしゃる」をつなげた「お読みになっていらっしゃる」などといった敬語表現です。

敬語連結は、敬語同士の結びつきが適切であれば、基本的に許容されていますが、「二重敬語」同様、表現が回りくどくなって意味が伝わりづらくなるので、シンプルな敬語表現に言い換えましょう。

〔敬語連結〕 ご案内してさしあげる＝「ご案内する」＋「さしあげる」

△ ご案内してさしあげましょうか？

「ご案内してさしあげる」は間違いではありませんが、丁寧に言おうとしすぎて、意味が伝わりづらくなっています。

〔敬語連結を避けたシンプルな敬語表現〕

○ ご案内いたしましょうか？

MEMO 「させていただきます」の多用に注意する

「させていただく」は、本来、相手の許可を得て何かをするときに使う表現です。みだりに使うと、意味を伝えづらくするばかりか、うわべだけへりくだっているような、わざとらしい印象を与えるので、敬語として逆効果です。

△ お話をうかがい、
感動させていただきました

間違いではありませんが、敬語表現としては、「感動いたしました」で十分です。

バイト敬語や若者言葉から卒業する

相手への敬意を表す敬語も、使い方を間違えると、相手に不快感を与えることがあります。日本語として不適切なバイト敬語や、同世代でしか通じない若者言葉は、意識的になおしていきましょう。

▼ バイト敬語

　バイト敬語とは、敬語に不慣れなアルバイト店員のために、店側がマニュアルとして用意した接客言葉のことです。もともとはファミリーレストランやコンビニエンスストアなどで使われていましたが、現在は年齢を問わず、広く一般に浸透して、日本語として不適切な言い方までもが定着しつつあります。

「ご注文のほうは、以上でよろしかったでしょうか？」

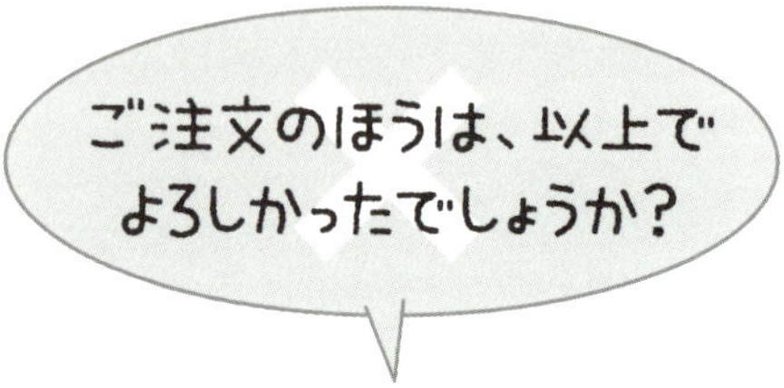

「注文は、以上でよろしいでしょうか？」が正しい敬語です。わざわざ「〜のほう」とぼかす必要はありません。「よろしかった」と過去形を用いるのも間違いです。

「こちらコーヒーになります」

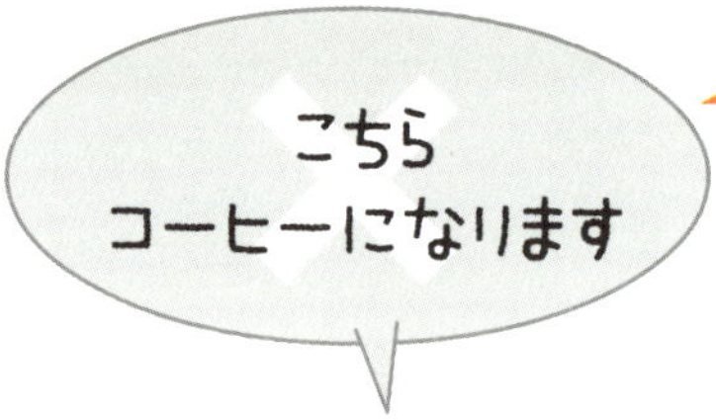

「〜になります」は、AからBにものごとが変化するときに用いる表現です。お客さまに料理や商品を提供するときは、「〜でございます」「〜をおもちいたしました」などと言いましょう。

「1,000円からお預かりします」

「1,000円をお預かりして、そこから代金を頂戴いたします」という意味でしょうが、日本語として不適切。「1,000円、お預かりいたします」が正しい言い方です。

▼ 若者言葉

若者特有の言葉づかいとしてもっとも代表的なのが、はっきりとした物言いを避けた「ぼかし言葉」です。

「わたしはそう思います」と言うべきところを、「わたし的にはそう思います」などとぼかして表現する言い回しは、相手と距離を置いて、責任を回避しているような印象を与えるので注意しましょう。

また、「タクる（タクシーに乗る）」「お茶する（喫茶店やカフェなどに入る）」など、名詞に「る」をつけた若者言葉も、世代によって認知度に差があるので、ビジネスシーンや改まった場では使わないようにしたいものです。

わたし的には
賛成です

「わたしは賛成です」と言うべきところを、「わたし的」とぼかすのは、自分という存在をあいまいにしているような印象を与えます。

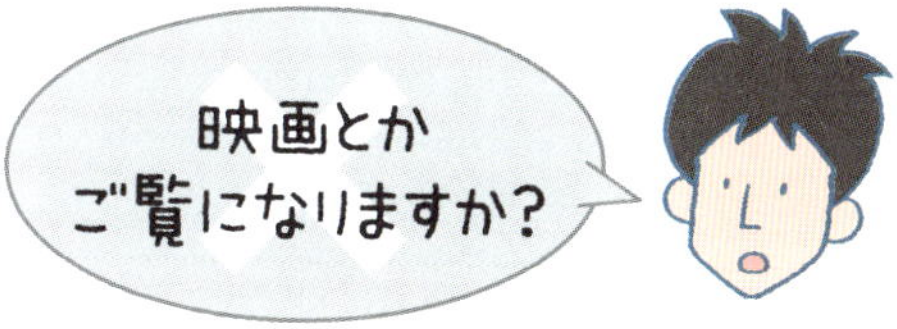
映画とか
ご覧になりますか？

意味もなく無意識につけ加えてしまう、「とか」という表現もたびたび耳にします。「映画をご覧になりますか？」と言いましょう。

MEMO 友だち同士で使うような言葉は用いない

ふだんの生活で耳にすることが多いため、口癖のようになって知らず知らずのうちに使ってしまいがちな言葉があります。「超～」「マジ」「ヤバい」「～ってゆうか」などといった、俗っぽい、くだけた言い回しです。友だち同士で使うのは問題がなくても、ビジネスシーンや改まった場では、軽薄な印象を与えるので注意しましょう。

マジー
ヤバ～い
ってゆうか～
イラッ

クッション言葉をじょうずに利用する

クッション言葉とは、用件を話し始める前に述べる短いフレーズのこと。クッション言葉をじょうずに使えば、相手の関心や気持ちを引き寄せて、お願いごとや言いづらいことを切り出しやすくなります。

クッション言葉　**失礼ですが**、お名前をお聞かせいただけますか？

クッション言葉　**まことに申しわけございませんが**、
お約束のない方のお取り次ぎはいたしかねます

クッション言葉を使うことで、全体の言い回しが丁寧でソフトな印象になります。

▼ 何かをお願いするとき／質問をするとき／提案するとき

お忙しいところ、恐れ入りますが…
お手数をおかけしますが…
ご面倒をおかけしますが…
失礼ですが…
さしつかえなければ…
よろしければ…
つかぬことをおうかがいしますが…

▼ 言いにくいことを伝えたいとき／おわびをするとき／断るとき

まことに申しわけございませんが…

まことに恐縮でございますが…

ご迷惑かとは存じますが…

ご不便をおかけしますが…

せっかくではございますが…

あいにくでございますが…

残念ではございますが…

わたくしの思い違いかもしれませんが…

MEMO 「恐れ入りますが…」と「さしつかえなければ…」

何かをお願いするときのクッション言葉は、相手に断る余地をどれくらい与えるかによって、言い方が変わってきます。依頼にある程度の強制力をふくむ場合は「恐れ入りますが…」、相手が断ってもよいという場合は「さしつかえなければ…」が適当です。

恐れ入りますが、至急ご調査いただけませんでしょうか？

さしつかえなければ、ご用件をお聞かせ願えますでしょうか？

普通の言葉を丁寧な言葉に言い換える

ビジネスシーンや改まった場では、敬語はもちろんのこと、丁寧な言葉づかいが求められます。ふだん使っている言葉を少しだけ丁寧に言い換えるだけで、話し手の印象はだいぶ変わってきます。

どうですか？ ➡ **いかが**ですか？

いいですか？ ➡ **よろしい**ですか？

誰ですか？ ➡ **どなた**ですか？

どんなご用件ですか？ ➡ **どのような**ご用件ですか？

いくらぐらいですか？ ➡ **いかほど**ですか？

社内外を問わず、仕事上の会話では、丁寧な言葉を用いましょう。

ふだん使っている言葉	丁寧な言葉
いま	ただいま
さっき／このあいだ、この前	先ほど／先日、以前
あとで	のちほど、後日
すぐに	さっそく、間もなく、早急に
少し、ちょっと	少々
とても／すごく	たいへん／非常に
やっぱり	やはり
じゃあ	では、それでは
こっち／そっち／あっち／どっち	こちら／そちら／あちら／どちら
昨日（きのう）／一昨日（おととい）	さくじつ／いっさくじつ
今日（きょう）	本日
明日（あした）／明後日（あさって）	みょうにち／みょうごにち
去年／一昨年（おととし）	昨年／一昨年（いっさくねん）

PART 1

シーン別会話文例

あいさつとホウレンソウ

社内の人へのあいさつ

あいさつは、コミュニケーションの基本です。毎日繰り返される言葉のやりとりによって、社員同士の心が通い合い、職場の雰囲気がより良いものとなっていきます。

▼ 上司や同僚よりも先に帰宅するとき

✕ お疲れさまでした

○ お先に失礼いたします

言い換え 申しわけありませんが、お先に失礼させていただきます

社内に残っている人に、一声かけてから退社します。会社に残ってまだ仕事を続けている人に「お疲れさま」は不適切。上司や同僚よりも先に帰宅するときは、「お先に失礼いたします」と述べましょう。

「お先に失礼いたします」は、帰宅することを社内の人に知らしめるためのあいさつでもあります。大きな声ではっきりと述べましょう。

▼ 出勤時のあいさつ

✕ おはよう

◯ **おはようございます**

言い換え ○○部長、おはようございます

朝のあいさつは、コミュニケーションの基本。相手の目を見て、はっきりと発声します。相手が目下の者であっても、「です・ます」の丁寧語で話すことを心がけましょう。

▼ 外出するとき

△ 行ってきます

◯ **～へ行ってまいります。○時までには戻ります**

言い換え 銀行へ行ってまいります。○分ほどで戻ります

出かけるときは、用件や行き先、およその帰社時間を告げるのが基本です。「行ってまいります」は、「行ってきます」の謙譲表現で、より丁寧な言い方です。

▼ 離席するとき

✕ 昼飯、行ってきます

◯ **食事に行ってまいります。○時までには席に戻ります**

関連 ～の件で総務課まで行ってまいります

食事に出るときや、フロアの違う社内の他部署に行くときも、行き先と戻り時間を告げます。ただし、トイレへ行くなど、数分程度、席を外す場合は、行き先や戻り時間を告げる必要はありません。

▼ 外出する人を見送るとき

✕ ご苦労さまです

○ 行ってらっしゃいませ

言い換え お気をつけて

目上の人に声をかけるときは、「行ってらっしゃい」を使うのが一般的です。語尾に「ませ」をつけることで、言葉の響きがやわらかくなります。目上の人に向かって「ご苦労さま」と言うのは失礼です。

▼ 外出先から戻ったとき

✕ ただいま

○ ただいま、戻りました

言い換え ただいま、帰りました

会社生活の中では、「ただいま」と略さずに、折り目正しく「ただいま、戻りました」と述べましょう。声をかけることで、帰社したことが周りの人に伝わります。だまって席につくのはNGです。

▼ 外出していた人が戻ってきたとき

✕ ご苦労さまです

○ お帰りなさいませ

言い換え お疲れさまです

語尾に「ませ」をつけた「お帰りなさいませ」が基本。上司や先輩にねぎらいの気持ちを伝えたいときは、「ご苦労さま」ではなく、「お疲れさまです」を使いましょう。

▼ 仕事を終え、帰宅する人へのあいさつ

✕ ご苦労さまでした

○ **お疲れさまでした**

＋ 部長、今日はありがとうございました

「ご苦労さま」は、目上の人が目下の人に、ねぎらいの気持ちを伝える言葉です。その日、仕事で世話になった上司には、「今日はありがとうございました」と言いそえると、感謝の気持ちが伝わります。

▼ 社長や上司と社内ですれ違ったとき

✕ どうも…

○ **お疲れさまでございます**

言い換え 失礼いたします

あいさつはコミュニケーションの基本。前を横切るときは「前を失礼いたします」、エレベーターに乗り合わせたときは「失礼いたします」などと声かけをしましょう。一日に何度も会う人に対しては、会釈だけでも失礼になりません。

▼ アルバイトスタッフにねぎらいの言葉をかけるとき

✕ お疲れさんです！

○ **ご苦労さまでした**

言い換え 皆さん、今日は**お疲れさま**でした

「ご苦労さま」は、自分の会社のために仕事をしてくれた人などに、ねぎらいの気持ちを伝えるための表現です。いっしょに仕事をしたあとなどに、声をかけ合う場合は、「お疲れさま」という表現もたびたび用いられます。

社外の人へのあいさつ

社外の人とは、会社を代表するような気持ちで、丁寧な言葉づかいで話します。相手がフランクに話しかけてきても、なれなれしい口調はつつしみ、敬語で話すように心がけましょう。

▼ 基本のあいさつ

✕ お世話さまです

○ いつもお世話になっております

＋ 先日は、ありがとうございました

「お世話さま」と言葉を略さずに、「お世話になっております」と正しく述べます。世話になったばかりの人には「先日は、ありがとうございました」、久しぶりに会う人には「すっかりごぶさたしております」などと続けます。

基本のあいさつは「お世話になっております」ですが、「おはようございます」「いらっしゃいませ」など、臨機応変なあいさつを心がけましょう。

▼ あいさつとともにお礼を述べるとき①

✕ このあいだはどうも…

〇 **その節**はいろいろとお世話になり、ありがとうございました

言い換え **先日**はお忙しい中、お時間をいただきまして、ありがとうございました

お世話になった方へは、あいさつとともに、感謝の言葉をそえると丁寧です。「このあいだ」は、「先日」「その節」など、ビジネスシーンにふさわしい言葉に言い換えましょう。

▼ あいさつとともにお礼を述べるとき②

✕ いつも当店をご利用してくださり、ありがとうございます

〇 いつも当店を**ご利用くださり**、ありがとうございます

言い換え いつも**お引き立て**いただき、ありがとうございます

お得意さまへのあいさつです。「ご利用してくださる」は誤用。「ご利用くださる」が正しい言い方です。なお、「お引き立て」は、得意先などに贔屓にしてもらうことで、「ご愛顧」と同義語です。

▼ 久しぶりに会った相手に近況をたずねるとき

✕ お元気でございますか？

〇 お元気で**いらっしゃいますか？**

＋… すっかりごぶさたしております

「いる」の尊敬語である「いらっしゃる」を用いた敬語表現です。「ございます」という丁寧語は、原則として相手のことには使いません。なお、「いらっしゃる」に「られる」をつけた「いらっしゃられますか？」は、二重敬語です。

▼ 廊下ですれ違ったとき

✕ どうも…

○ いらっしゃいませ

言い換え **失礼いたします**

廊下などですれ違ったときは、立ち止まってあいさつをします。エレベーターに乗り合わせたときは、「いらっしゃいませ。何階をご利用ですか?」と、積極的に声をかけましょう。

▼ 外で会ったとき

✕ …(会釈のみ)

○ こんにちは

＋ **いつもお世話になっております**

町で見知った人に出くわしたら、「こんにちは」と声をかけるのが基本です。ビジネスの相手に対して、「どちらへお出かけですか?」と行き先を詮索するのは、あまり好ましくありません。

▼ 宅配便業者や警備員などへのあいさつ

△ ご苦労さまです

○ お疲れさまです

言い換え **おはようございます**

配送業者や警備員など、オフィスに頻繁に出入りしている業者の方へのあいさつです。「ご苦労さま」は、やや上から目線なので、「お疲れさまです」という声かけが適当です。

▼ 担当になったときのあいさつ

△ 今度、新しく担当になりました〇〇です

〇 **このたび、御社を担当させていただくことになりました、〇〇〇〇と申します**

＋ どうぞよろしくお願いいたします

「今度」は「このたび」と言い換え、姓と名をはっきり述べましょう。名乗ったあと、「どうぞよろしくお願いいたします」と続けて頭を下げると、丁寧な印象を与えます。

▼ 新人のあいさつ

✕ なにぶん新人なもので、失礼がありましたらご勘弁ください

〇 **入社したばかりで、失礼もあるかと存じますが…**

＋ ご指導のほどよろしくお願いいたします

未熟であることを言いわけにしたり、新人だからミスをして当然と開き直ったような言動はつつしみましょう。「存じます」は、「思う」の謙譲語。「存じる」に、丁寧語の「ます」がついた形です。

仕事の指示を受ける

仕事の指示を与えられたときの受け答えです。あいまいな返事はトラブルの原因になることがあるので、誤解を与えない明確な言葉で、自分の意思をはっきり伝えましょう。

▼ 仕事の依頼を受けたとき

✕ 了解しました

○ **はい。承知いたしました**

言い換え かしこまりました

「了解」には、権限をもつ者が許可を与えるという意味合いがあるので、目上の人（上司やお客さま）に対して「了解しました」を使うのは失礼です。「承知いたしました」、さらにへりくだって「かしこまりました」「うけたまわりました」などと言い換えましょう。

「わかりました」が許容されるのは、同僚か年齢が近い先輩までです。「大丈夫」は、何か問題があるときに使われる言葉なので、「不安もありますが、ご心配なく」と言っているような印象を与えてしまいます。

▼ 上司から呼ばれたとき

✕ いま、行きます

○ **はい。ただいま、まいります**

＋ どのようなご用件でしょうか？

謙譲語の「まいる」を用います。上司を待たせてしまったときは「お待たせいたしました」、急ぎの仕事で手が離せないときは「すぐにまいりますので、少々お待ちください」といった一言をつけ加えます。

▼ 提出期限を確認するとき

✕ では、今週中にやっておきます

○ **では、金曜日の午前中に仕上げてお持ちいたします**

言い換え **月曜日の○時まで**に提出するということでよろしいですね

仕事を頼まれたら、締切りや提出方法などを確認する習慣をつけましょう。さらに、次の行動についての質問などを付け加えることができれば、依頼した側も安心して仕事を任せることができます。

▼ 質問があるかと聞かれたとき

✕ とくにありません

○ **ございません**

言い換え 一つ質問がございます

「とくにありません」という、あいまいな返事はNG。責任を回避しているような印象を与えることがあるので、「ございません」とはっきり意思を伝えましょう。「ぜんぜん、大丈夫です」という言い方も誤りです。

▼ 説明がよくわからなかったとき

✕ すみません。言っていることがよくわからないのですが…

〇 **わたくしの理解が追いつかず、申しわけありません**

＋ もう一度、ご説明いただけませんでしょうか？

「すみません」では、気持ちが伝わりません。おわびをするなら「申しわけありません」、頼みごとをするなら「恐れ入ります」などの表現を用いましょう。

▼ 上司に念を押されたとき

✕ わかってます／知ってます

〇 **承知しております**

言い換え 存じております

「わかってます」「知ってます」では、ふてぶてしい印象を与えます。承諾の返事は「かしこまりました」が一般的ですが、念を押されたときは「承知しております」「存じております」のほうが、承諾の気持ちがはっきり伝わります。

▼ 仕事が手いっぱいのとき

✕ いまは忙しくて、お引き受けできません

〇 **部長から頼まれている急ぎの仕事があり、すぐに取りかかることができません**

＋ 今日中でよろしければお引き受けできますが、いかがいたしましょうか？

仕事の優先順位を確認したあと、引き受けられない正当な理由を簡潔に述べます。さらに、この条件であれば、仕事を引き受けることができるという提案を示すことができれば、申しぶんありません。

▼ 自分の力でできそうもないとき

✕ わたくしには無理なので、他の方にお願いしていただけますか？

○ **やらせてはいただきたい**のですが、
今日中に仕上げるのは難しいかと存じます

＋ いかがいたしましょうか？

上司に仕事を頼まれたとき、「無理です」といって断るのは得策とはいえません。また、「申しわけございません」というクッション言葉から切り出せば、断りのニュアンスがやわらぎます。

▼ 残業を断るとき

✕ すみません。今日は用事があるので失礼します

○ 本日は
どうしても外せない用事があるので…

＋ 定時で上がらせていただけないでしょうか？

「どうしても外せない用事」であることを強調し、「お役に立てず、申しわけございません」と言いそえると、やむを得ない事情であることが相手に伝わります。

ホウレンソウ

上司への報告と連絡

上司への報告は、仕事をする者の義務です。過剰な敬語や形式的な言葉づかいは、不要。相手の時間を奪わないように、明瞭かつ簡潔な伝達を心がけましょう。

▼ 忙しい上司に報告するとき

✕ ちょっとお耳を拝借できますでしょうか？

○ ～の件でお伝えしたいことがあります

言い換え **お耳に入れておきたい**ことがあるのですが…

伝えるべき報告が後回しにならないように、「～の件」「～について」と内容を簡潔に述べます。「お耳に入れる」は、「知らせる」「告げる」のへりくだった表現。司会者がパーティーなどで使う「お耳を拝借」は、大げさすぎて上司への報告にふさわしくありません。

複数の事柄を報告するとき

忙しい上司には、複数の事柄をまとめて報告することがあります。そのようなときは、「ご報告したいことが、3件ございます」と切り出すと、相手は理解しやすくなります。

▼ 状況や予定をたずねるとき

✕ いま、いいですか?

○ **5分ほどお時間をいただいても、よろしいでしょうか?**

関連 では、何時ごろならば、ご都合がよろしいでしょうか?

忙しい上司に対しては、「よろしいでしょうか?」と改まった表現でおうかがいを立ててから、報告をしましょう。報告に要する時間を告げておくことで、相手は耳を貸しやすくなります。

▼ 報告が遅れたとき

✕ 報告が遅れて、すみません

○ **ご報告が遅れて、申しわけございません**

＋ ～について、お伝えしたいことがあります

「すみません」は、ビジネスシーンでは使うべき言葉ではありません。「申しわけありません」「申しわけございません」と言い換えましょう。「ご報告」は名詞の謙譲語です。

▼ 仕事が順調に進んでいることを報告するとき

✕ いちおう確認したので、大丈夫だと思います

○ **予定通り順調に進んでおりますので、ご安心ください**

＋ ～の件について、途中経過をご報告いたします

「いちおう」をつけてその行為をあいまいにするのは、厳禁。自分の行動に自信がないと受け取られてしまいます。「大丈夫」は、何か問題が起きそうなときに、それを打ち消すために使われる言葉です。

▼ 仕事の経過を報告するとき

✕ 前向きに検討しますと言っていました

◯ ～の件は、前向きに **ご検討いただけるとのことでした**

＋ お返事は、来週の月曜日にいただくことになっております

経過報告は、憶測や希望的な観測を避け、事実を正確に伝えることが肝心です。ただし、相手の発言については、丁寧な表現に置き換えることが必要になります。

▼ 商談がまとまらなかったことを報告するとき

✕ 来期の契約は無理みたいです

◯ 来期の契約を見合わせたい **とのお返事でした**

言い換え 予算のご都合で、今期はお取り引きいただけない**との結論でした**

結果を簡潔に述べて、「～とのお返事でした」「～との結論でした」などと結びます。言いづらい事柄であっても、「無理みたいです」「良いお返事がもらえませんでした」といった遠回しな報告はしないようにしましょう。

▼ 資料を借りるとき

✕ 資料を借ります

◯ ～の資料を**お借りいたします**

言い換え ～の資料を**拝借します**

「お借りする」「拝借する」は、「借りる」の謙譲語です。資料を借りるなどの小さな報告であっても、会社生活の中では敬語を用いるようにしましょう。

▼ 内線電話で課長の不在を部長に伝えるとき

✕ 課長はただいま、席を外していらっしゃいます

○ 課長はただいま、席を外して<u>おります</u>

＋ 戻りましたら、そのように伝えておきます

文例では、役職が上の部長を立て、課長の行為を「席を外しております」と謙譲語で表しています。「お戻りになられましたら、そのように申し伝えておきます」はNG。「戻りましたら、そのように伝えておきます」と続けます。

▼ 社長が呼んでいると、部長に伝えるとき

△ 部長、社長が来るようにおっしゃっています

○ 部長、社長がお呼びです

関連 社長が会議室でお待ちです

社長に尊敬語を用いるのは間違いではありませんが、「社長がお呼びです」とシンプルに言い換えたほうが、用件が簡潔に伝わります。

▼ 来客の応対のために席を外すとき

△ お客さまが来たので、応接室に行ってきます

○ お客さまがお見えになったので、応接室に行ってまいります

言い換え お客さまがいらしたので、応接室に行ってまいります

席を外すときは、周囲の人に行き先を言っておきましょう。「お見えになる」「いらっしゃる」は、「来る」の尊敬語。「行ってまいります」は、「行ってきます」を丁寧に言い表した謙譲表現です。

▼ 来客の到着の遅れを上司に告げるとき

✕ ○○様が30分ほど遅れてまいられるそうです

○ ○○様が30分ほど遅れて
お越しになるそうです

言い換え 遅れていらっしゃるそうです

「まいる」は「来る」の謙譲語なので、「まいられる」としても尊敬表現にはなりません。相手が「来る」ことを表すときは、「お越しになる」「いらっしゃる」「お見えになる」を用います。

▼ 約束日時の変更を上司に告げるとき

✕ さっき○○さんから、時間を変更してくれと言われました

○ 先ほど○○様から、打ち合わせ日時を
変更してほしいという依頼がありました

＋ 本日の午後、改めて連絡をくださるそうです

業務連絡は、要領よく簡潔にまとめるのがコツ。「時間を変更していただけないかと申しておりました」などと敬語を多用するよりも、「日時を変更してほしいという依頼がありました」と述べたほうが、意味が伝わりやすくなります。

▼ 帰社が遅れることを電話で報告するとき

✕ 会社に戻るのが○時を過ぎそうです

○ 会社に戻るのが○時ごろになります

＋ ○○社での打ち合わせが長引きまして…

打ち合わせなどが長引いて、帰社が遅れる場合の電話報告です。ポイントは、帰社時間を正確に告げること。留守中の連絡の有無をたずねるときは、「わたくしあてに、何か連絡などは入っておりませんでしょうか?」と述べます。

▼ 直帰を申し出るとき

✕ 帰りが遅くなりそうなので、今日はそのまま帰ります

〇 **本日はそのまま**
帰らせていただいてもよろしいでしょうか？

＋ ○○社での打ち合わせが長引きそうなので…

社に戻らずにそのまま帰宅するときは、上司に連絡をして、「よろしいでしょうか？」と承認を得る形をとりましょう。「打ち合わせが長引きそうなので…」などと、直帰の理由を伝えることも忘れずに。

▼ 明日の出社予定時間を告げるとき

✕ 明日は立ち寄りなので、出社が少し遅れます

〇 **出社は〇時ごろになりますが、**
よろしいでしょうか？

＋ 明日は○○社に立ち寄ってから、出社いたします

立ち寄りなどの理由で出社時間が遅れる場合も、「よろしいでしょうか？」と、上司の了解を得るようにします。行き先や出社予定時間を告げることも忘れてはなりません。

ホウレンソウ

上司への伝言

留守中に預かったメッセージを上司に伝えるときの言い方です。シンプルな言葉で簡潔に述べるのがポイント。大事な用件は、メモをいっしょに渡しましょう。

▼ 家族から電話があったとき

△ さっき、娘さんから電話がありました

○ 先ほど、**お嬢さま**から電話がありました

＋ 至急、連絡がほしいとおっしゃっていました

目上の人の家族である「妻」「夫」「息子」「娘」は、それぞれ順番に「奥さま」「ご主人さま」「ご子息（しそく）」「お嬢さま」と言い表します。「さっき」は「先ほど」と言い換えたほうが丁寧です。

	 妻	 夫	 息子	 娘
丁寧な言い方	奥さま	ご主人さま	ご子息	お嬢さま
カジュアルな言い方	奥さん	ご主人	息子さん	娘さん

上司や先輩など、目上の人の家族を表すときの言い方です。父母や兄弟姉妹は、「お父さま」「お母さま」「お兄さま」「弟さま」「お姉さま」「妹さま」となります。

▼ 電話があったことを報告するとき

✕ ○○社の○○部長が電話してくださいと言っていました

○ **○時○分に、○○社の○○部長から**
お電話がありました

＋ **折り返しの電話をお願いいたします**

不在時の伝言は、要点をすっきり簡潔に述べることが肝心です。ここで大切なのは、相手の会社名と名前、電話を受けた時間、折り返しの電話が必要か否かという点です。

▼ 伝言を預かっているとき

✕ ○○社の○○様が、納品日時を知らせてくださいと申しておりました

○ **○○社の○○様が、納品日時を**
確認したいとおっしゃっていました

関連 **留守中、電話や来客はございませんでした**

「申す」は「言う」の謙譲語です。取引先の行為については、尊敬語の「おっしゃる」を用いましょう。伝えるべきことがないときは、「ありません」ではなく、「ございませんでした」と丁寧に述べます。

▼ 席に戻った課長に、部長から預かった用件を伝えるとき

✕ 課長、○○部長が会議室へお越しくださいと言っていました

○ **課長、○○部長がお呼びです**

＋ **会議室へいらしてください**

「お越しくださいと言っていました」では、部長が課長を立てているようで奇妙です。「お呼びです」「いらしてください」と簡潔に伝えましょう。また、部長の命令であっても、「会議室へ来いとおっしゃっていました」はNGです。

仕事のミスをわびる

上司や先輩に仕事のミスをわびるときの言い方です。いたらなさを素直に認めることで、心からの反省の気持ちと、二度と失敗を繰り返さないという決意が相手に伝わります。

▼ 仕事上のミスをわびるとき

✕ すみません。うっかりしていました

○ 配慮が足りず、申しわけありません

＋ 二度とこのようなことがないように、注意いたします

「うっかり」や「つい」という言葉は、気持ちがたるんでいたことの証明になるので、ビジネスシーンでは使ってはなりません。「すみません」は、「申しわけありません」「申しわけございません」と言い換えます。弁解の言葉をくどくどと述べるのも禁物です。「以後、注意いたします」などと、反省の言葉をそえましょう。

「なんかいろいろと」では、何について謝罪しているのかがあいまいです。また、「迷惑をかけたみたいで」という言い方も、責任を感じていないような印象を与えます。責任が自分のミスであることを明確にして、「～の件では、わたくしの不注意でご迷惑をおかけいたしました」などと述べましょう。

▼ やり直しを指摘されたとき

✕ すみません。すぐに直してきます

〇 すぐに直してまいります

＋ 申しわけございません

「直してまいります」と丁寧に言い換えます。「すみません」は便利な言葉ですが、反省の気持ちを十分に伝えられません。会社生活の中では「申しわけございません」を使うように心がけましょう。

▼ 質問に答えられなかったとき

✕ ちょっとよくわかりません

〇 わたくしの勉強不足で、
申しわけございません

＋ すぐに調べてご報告いたします

「わかりません」では、当事者としての意識が欠けているような印象を与え、仕事に対する前向きさも伝えられません。「勉強不足で～」とわびて、「すぐに調べてご報告いたします」などと、次の行動を約束しましょう。

▼ 頼まれた仕事を忘れてしまったとき

✕ すみません。忙しかったもので、つい忘れてしまいました

〇 申しわけございません。失念しておりました

言い換え 大事なことを聞き落としていたようです

「失念する」は、「忘れる」の謙譲語です。聞いたはずのことを忘れてしまったときは、「聞いていませんでした」ではなく、「聞き落としていたようです」と言い換えましょう。

質問や相談、お願いごとをする

仕事中に、質問や相談をするときの言い回しです。過度な敬語表現は必要ありませんが、礼を失して、ぞんざいな言い方にならないように注意しましょう。

▼ 上司の判断をあおぎたいとき

✕ どうしますか?

○ **いかがいたしましょうか?**

言い換え いかが**なさいますか?**

「いたす」は「する」の謙譲語であり、「なさる」は尊敬語です。したがって、「いかがいたしましょうか?」と言えば自分の行為をへりくだったことになり、「いかがなさいますか?」と言えば相手を立てたことになります。

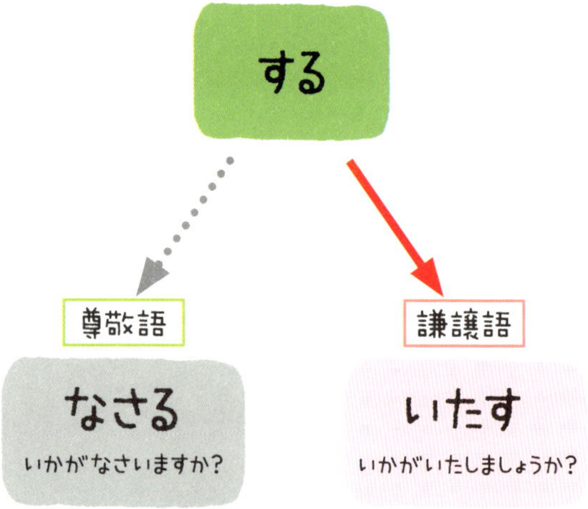
する
尊敬語
なさる
いかがなさいますか?
謙譲語
いたす
いかがいたしましょうか?

「いかがなさいますか?」には、「あなた、どうしますか?」という意味合いがふくまれているので、上司に対して自分がどうしたらいいのかと聞くときは、「いかがいたしましょうか?」と言うほうが適切です。

▼ 上司に予定を聞くとき

× 明日の午前中は、会社におられますか？

○ 明日の午前中は、会社にいらっしゃいますか？

関連 明日の午前中は、会社におります

尊敬語の「いらっしゃる」を用います。「おる」は、「いる」の謙譲語。「られる」をつけて「おられる」としても、尊敬表現にはなりません。「明日の午前中は、会社におります」というように、自分の行動を表すときに使います。

▼ 質問をするとき

△ ご質問させていただいてもよろしいでしょうか？

○ ～の件で、少々おたずねしてもよろしいでしょうか？

言い換え 一つお聞きしてもよろしいでしょうか？

「させていただく」という敬語表現は、誤用ではありませんが、多用しすぎると、よそよそしく、回りくどい印象を与える場合があります。「おたずねする」「お聞きする」などのシンプルな言い方を身につけましょう。

▼ 書類を確認してもらいたいとき

△ こちらの書類を確認していただいてもよろしいですか？

○ 見積書を作成しましたので、ご確認いただけますでしょうか？

言い換え お手すきのときに、お目通しいただけますでしょうか？

「～していただいてもよろしいですか？」という言い回しは、許可を求める婉曲的な敬語表現ですが、言葉づかいが丁寧な反面、回りくどい印象を与えかねません。指示や依頼は簡潔な言葉で述べましょう。

▼ サインをもらいたいとき

✕ ここにサインをもらってもいいですか？

〇 **こちらの書類にサインをお願いできますでしょうか？**

＋ お忙しいところ申しわけありません

「いいですか？」というお願いのしかたは、丁寧さを欠きます。「お願いできますか？」「お願いできますでしょうか？」などと依頼しましょう。相手が忙しそうなときは、クッション言葉も忘れずに。

▼ 相談を切り出すとき

✕ 相談があるのですが、いま、時間のほうは大丈夫ですか？

〇 **折り入って相談したいことがあるのですが…**

＋ 勤務時間後に、少々お時間をいただいてもよろしいでしょうか？

「折り入って」は、改まった態度で特別な頼みごとや相談をするときに使う表現。約束をとりつけたいときは、「いつごろでしたら、お時間をいただけますでしょうか？」と、相手の予定を優先した聞き方をしましょう。

▼ 仕事の相談にのってもらったお礼を言うとき

✕ なるほど、すごくよくわかりました

〇 **どうもありがとうございました。たいへん助かりました**

言い換え ありがとうございました。さっそく対処いたします

相談にのってくれた上司に感謝の気持ちを示したいときは、「どうもありがとうございました」と素直に述べるのが適当です。目上の人に対して「なるほど」という表現を使うのは、好ましくありません。

▼ 仕事の経過をたずねるとき

✕ ～の件は、その後、どうなっていますか？

○ **～の件は、その後、いかがでしょうか？**

＋… いま、お時間よろしいでしょうか？

「どうなっていますか？」と聞くと、相手をとがめているような印象を与える場合があります。用件を忘れられたり、後回しにされているような場合でも、「いかがでしょうか？」と控えめな姿勢でたずねましょう。

▼ 期日に間に合わなくなりそうなとき

✕ 提出日を少し延ばしてもらっても大丈夫ですか？

○ **提出期限を○日まで、延ばしていただけませんでしょうか？**

＋… 申しわけございませんが…

「大丈夫ですか？」は、相手に問題がある場合に使われる表現なのでNG。提出期限の延長をお願いするときは、「申しわけございませんが…」などのクッション言葉をはさんで、提出可能な期日を具体的に告げましょう。

遅刻、欠勤、早退、休暇を申し出る

やむを得ない事情で、遅刻、欠勤、早退などを申し出るケースです。欠勤の場合は、よほどの重病ではないかぎり、本人が連絡をとり、上司から直接、許可を得るようにしましょう。

▼ 体調をくずして欠勤するとき

✕ 体調が悪いので、お休みさせていただきます

○ **風邪を悪化させてしまいました。本日、休みをいただけないでしょうか？**

＋… たいへん申しわけございませんが…

「お休みさせていただきます」ではなく「休みをいただきます」が正しい言い方です。許可を得なくても休むことになるので、「〜させていただく」という表現は用いません。「お休み」の「お」も不要です。

休み明けに出社するとき

ご心配をおかけして
申しわけございません。
おかげさまで体調は
すっかり良くなりました

休み明けに出社したら、上司や先輩に迷惑をかけたことのおわびや、体調を気づかってくれたことのお礼を述べます。

▼ 始業時間に間に合わないとき

✕ 人身事故で電車が止まってしまったので、出社が少し遅れるみたいです

○ **電車が遅れているため、会社に到着するのが○時くらいになりそうです**

＋ **部長が出社されましたら、そのようにお伝えください**

電話では、遅刻の理由をくどくどと述べるのではなく、およその到着時間を伝えましょう。上司がまだ出社していない場合は、電話に出た人に伝言をお願いし、あとで直接、上司に報告をします。

▼ 約束の時間に遅れそうなとき

△ タクシーで向かいますが、少し遅れそうです

○ **これからタクシーでまいりますが、○分ほど到着が遅れそうです**

言い換え **ただいま、○○におりますので、駅に着いたら連絡をいたします**

交通機関の乱れなど、やむを得ない理由で、会議などの時間に遅れそうなときの対応です。遅れる可能性に気づいた時点で、職場に電話をして、到着手段とおよその到着時間を伝えましょう。

▼ 病院に寄ってから出社するとき

✕ 病院に寄ってから会社に向かうので、ちょっと遅れます

○ **○時までには、必ず出社いたします**

＋ **昨夜から体調がすぐれないので、病院に立ち寄ります**

病院に立ち寄る理由と、出社時間を簡潔に伝えます。「ちょっと遅れる」というあいまいな言い方は避け、確実に出社できる時間を告げましょう。「申しわけありません」などのクッション言葉も忘れずに。

▼ 寝坊してしまったとき

✕ 昨夜遅くまで残業していたので、うっかり寝過ごしてしまいました…

○ まことに申しわけございません。寝坊をしました

＋ すぐに家を出ますので、○時までには必ず出社いたします

第一声は、おわびの言葉です。「寝坊をした」という事実は、本来、口にすべきではありませんが、相手が直属の上司などの場合は、正直に白状したほうがいいこともあります。

▼ 不在時の業務連絡

✕ バイク便が来るので、代わりに受け取っておいてください

○ 午前中にバイク便が到着するので、受け取りをお願いいたします

＋ お手数をおかけいたしますが…

職場の人に業務の頼みごとをするときは、不在の理由にかかわらず、丁寧な言葉づかいを心がけましょう。クッション言葉を用いることも忘れずに。

▼ 遅刻して出社したときの上司への報告

✕ おはようございます。遅れてすみません

○ ただいま、出社いたしました

＋ ご迷惑をおかけして、**申しわけございません**

遅刻の理由が上司に伝わっている場合は、くどくどと説明する必要はありません。すみやかに上司のもとに出向いて、おわびの言葉を述べ、出社したことを報告しましょう。

▼ 早退を告げるとき

✕ 家庭の事情で、今日は早めに帰ってもいいですか？

◯ **本日は◯時で早退させていただいても よろしいでしょうか？**

➕ **主人が体調をくずしてしまったので…**

🎯 「家庭の事情」では説明が不十分です。理由を簡潔に述べて、退社時間をはっきりと伝えましょう。「いいでしょうか？」という聞き方はぞんざいなので、「よろしいでしょうか？」と言い換えます。

▼ 代休や休暇をもらいたいとき

✕ 旅行に行きたいので、◯月◯日は休ませてもらいます

◯ **◯月◯日に休みをいただきたいのですが、 よろしいでしょうか？**

関連 申しわけありません。**親戚に不幸があり…**

🎯 当然の権利として主張するのではなく、「よろしいでしょうか？」と依頼の形で許可を申請します。また、身内の葬儀に参列するときは、「親戚に不幸があり…」と告げて、会社が定めた期間の忌引き休暇をもらいましょう。

ホウレンソウ

遅刻、欠勤、早退、休暇を申し出る

旅行に行きたいので ◯月◯日は 休ませてもらいます！

おいおい…

社内会議での発言

社内の人との打ち合わせや会議での発言です。最低限の敬語表現は必要ですが、自分の意思や考えをはっきりと伝える、シンプルな言い方を身につけましょう。

▼ 部長の前で、課長の発言を受けて意見を述べるとき

△ 課長がおっしゃっていましたように…

○ 課長が**言われていました**ように…

言い換え 課長が**申しておりました**ように…

上司や先輩たちの前で敬語を使う場合は、立場や関係を考えて敬語を使い分けることが大切。たとえば、課長の行為に「おっしゃっていました」という尊敬語を用いると、部長よりも課長を立てていると受け止められることもあります。そのような場合は、「申しておりました」と謙譲語を用いるか、課長に対する敬語を抑え気味にして「言われておりました」などと表現しましょう。

①課長の行為に謙譲語を用いる	「課長が申しておりましたように…」
②課長の行為に尊敬語を用いる	「課長がおっしゃっていましたように…」
③課長に対する敬語を抑え気味にする	「課長が言われておりましたように…」

上記の言い方はどれも間違いではありません。①は課長ではなく部長を立てるべき、②は課長を立てればさらに部長も立てることになる、③は課長に対する敬語を抑え気味にすれば部長が立つ、という考え方にしたがっています。

▼ 意見を述べるとき

✕ わたし的には…

〇 **私見ですが…**

言い換え わたくしとしては…

「私見」は自分の意見をへりくだって述べるときに使う言葉。「わたし的には」という「ぼかし言葉」もよく耳にしますが、会議の場では使用を控え、「わたくしとしては」などと言い換えましょう。

▼ 質問をするとき

✕ ちょっと質問してもいいですか?

〇 **質問してもよろしいでしょうか?**

言い換え 一つおうかがいしてもよろしいでしょうか?

会議では、挙手をして、許可を得てから発言するのが基本。「いいですか?」という聞き方はぞんざいなので、「よろしいでしょうか?」と言い換えます。「ちょっと」も軽々しい印象を与えるのでつつしみましょう。

▼ 上司の意見に賛同するとき

✕ 部長が申し上げられたとおりです

〇 **部長がおっしゃったとおりです**

言い換え 部長が言われたとおりです

「言う」の尊敬語、「おっしゃる」「言われる」を用いるのが一般的です。「申し上げる」は謙譲語なので、語尾に「れる・られる」をつけて「申し上げられる」としても、尊敬語の形にはなりません。

▼ 反対意見を述べるとき

✕ お言葉を返すようですが、わたくしは反対です

〇 部長のご意見はごもっともですが、〜という見方もできないでしょうか？

言い換え わたくしは〜と考えておりますが、**いかがでしょうか？**

否定的な意見や、異なった見解を述べるときは、前の発言者に配慮して慎重に言葉を選ぶ必要があります。どんなに正しい意見を述べても、謙虚さを欠いてしまうと、相手は耳を貸してくれません。

▼ 不明な箇所をたずねるとき

✕ もっとわかりやすく説明してもらえますか？

〇 〜について、もう少しくわしくご説明いただけませんでしょうか？

＋… 恐れ入りますが…

「もっとわかりやすく」と言ってしまうと、相手の説明不足をとがめるような印象を与えます。「もう少しくわしく」と言い回しを変えるだけで、物腰がやわらかくなります。

▼ 相手に意見をうかがうとき

△ あなたはどう思いますか？

〇 〇〇さんのご意見をお聞かせください

言い換え 〇〇さんは、どのようにお考えになりますか？

「あなた」は本来、相手に敬意を示す敬語ですが、現在では、目上の人に対して使われにくくなっています。「〇〇さん」や「〇〇課長」と、名前で呼ぶようにしましょう。

▼ 説明を求められたとき

✕ 弊社の新製品について、説明をさせていただきます

〇 **わが社の新製品について、ご説明いたします**

関連 先ほど配布いたしました資料を、補足させていただきます

「わが社」も「弊社」も自分の会社をさしますが、「弊社」は取引先などに対して、自分の会社をへりくだって述べるときに使用します。また、「ご説明」の「ご」は、相手を立てる謙譲語なので、自分の動作に使っても問題はありません。

▼ 説明を締めくくるとき

✕ 質問とかあれば、聞いてください

〇 **ご質問などがあれば、お答えいたします**

＋… わたくしからの説明は以上です

「とか」や「みたいな」などといった「ぼかし言葉」は、ビジネスシーンではふさわしくありません。断定を避けたあいまいな表現は控えましょう。

COLUMN

自分や相手のことをさす表現

取引先の人やお客さまの前では、自分のことを「わたくし」と言い、相手の名前には「○○様」と敬称をつけるのがルール。自分の会社は「わたくしども」「弊社」などと表現し、取引先の会社は「御社」と呼ぶのが一般的です。

自分の呼び方　わたくし

社内では「わたし」という言い方も許容されますが、取引先や営業先では「わたくし」を使いましょう。上司や先輩と話すときに「僕」を使うのは、幼い印象を与えるので不適切。「自分」を一人称で使うのも、ビジネスの場ではふさわしくありません。

相手の呼び方　○○様、○○さん、お客さま、そちらさま

本来の意味では「あなた」は尊敬語ですが、現在は同等の立場以外で用いられることが少なくなっています。相手の名前がわかるときは、「田中様」「田中さん」などと名前で呼び、相手の名前がわかわない場合は、「お客さま」「そちらさま」などを使います。なお、相手側の同行者のことは「お連れさま」と呼ぶのが一般的です。

自分の会社の呼び方　わたくしども、弊社

話し言葉では、「わたくしども」「弊社」が一般的。へりくだった意味はありませんが、「当社」もおもに書き言葉として用いられます。「わが社」は、尊大な印象を与えるので、社外の人に使うのは避けたほうが無難。「うちの会社」という言い方もくだけすぎていて、改まった場ではふさわしくありません。

相手の会社の呼び方　御社

話し言葉では「御社」が一般的です。つきあいが長い取引先に対しては、堅苦しさをなくすために、会社名にあえて「さん」を付けて呼ぶこともあります。「おたく」は、くだけた言い方で、敬意があまり感じられません。「貴社」は、おもに書き言葉で用いられます。

PART 2

シーン別会話文例

接客、訪問、接待

アポイントと道順の案内

来客を迎える際は、会社までの道順を説明するなどして、万全の準備を整えます。受付にも来客があることを伝えておき、応接室や会議室の予約も済ませましょう。

▼電話でアポイントを確認するとき

✕ 明日の○時に、弊社までおうかがいください

○ 明日（みょうにち）の○時に、弊社までお越しください

言い換え では、明日の○時にお待ちしております

電話で日時と場所を確認するときの言い方です。謙譲語の「うかがう」に「お」をつけても、尊敬語の形にはなりません。「お越しください」または「いらしてください」と言い換えましょう。「明日（あした）」も、「明日（みょうにち）」と言ったほうが丁寧です。

相手を気づかう一言

ご足労をおかけいたしますが…
お気をつけてお越しくださいませ

ちょっとした一言をそえるだけで、相手を歓迎する気持ちを伝えることができます。

▼ 交通手段を説明するとき

✕ 弊社にまいられるには、地下鉄が便利です

〇 **弊社にお越しになる際は、地下鉄のご利用が便利です**

関連 お車でいらっしゃいますか？　それとも電車をご利用なさいますか？

相手が「来る」ことを表すときは、「お越しになる」「いらっしゃる」「お見えになる」を用います。「弊社」は、社外の人に対して、自分の会社のことを言うときの謙譲語です。

▼ 近くまで迎えに出るとき

✕ おわかりにくいと思うので、駅まで迎えにいきます

〇 **おわかりになりにくいと存じますので、駅までお迎えに上がります**

言い換え のちほどメールで地図をお送りいたしますので、ご覧ください

「わかりにくい」の尊敬語は、「おわかりになりにくい」です。「わかる」を「おわかりになる」と言い換えてから、「～にくい」をつけます。

▼ 相手の現在地を確認するとき

✕ いま、どこにいますか？

〇 **いま、どちらにいらっしゃいますか？**

＋ すぐにお迎えにまいりますので、そちらでお待ちください

「いる」の尊敬語である「いらっしゃる」を用います。「どこ」も「どちら」と言ったほうが丁寧な印象を与えます。同様に、「ここ」「そこ」「あそこ」は、「こちら」「そちら」「あちら」と言い換えましょう。

来客応対の基本

取引先の人などが会社を訪ねてきたときの、基本的なあいさつです。会社を代表するような意識をもって、明るく丁寧な対応を心がけましょう。

▼ 来客へのあいさつ

✕ わざわざ来てもらって、すみません

○ お忙しいところ、お越しいただきまして、ありがとうございます

言い換え **お越しくださいまして**、ありがとうございます

「お越しいただく」は謙譲語、「お越しくださる」は尊敬語ですが、立てる相手はお客さまなので、この場合、どちらの言い方も適切です。「わざわざ」には、しなくてもよいことをするという意味もふくまれるので、使わないようにしましょう。相手を受付などで待たせてしまったときは、「お待たせして、申しわけございません」の一言も忘れずに。

「(お客さまに)ご利用いただく」と「(お客さまが)ご利用くださる」は、敬語の種類が違いますが、立てるべき相手は同じ相手なので、両方とも同じような意味で使うことができます。

▼ 来てもらったことを感謝するとき①

✕ 遠くからご苦労さまです

○ 遠いところを**ご足労いただきまして**、ありがとうございます

言い換え 遠いところお運びいただきまして、ありがとうございます

「ご足労」とは、来てくれた相手にねぎらいの気持ちを伝え、感謝を表した言葉です。また、「ご苦労さま」は目上の人が目下の人に使う言葉なので、来客に述べるのはふさわしくありません。

▼ 来てもらったことを感謝するとき②

✕ 暑いのに、ご苦労さまでございます

○ お暑い中、**お呼び立て**して申しわけございません

言い換え お足もとが悪い中をお越しいただき、ありがとうございます

来客に「ご苦労さま」と述べるのは失礼です。「お呼び立て」とは、来てもらった相手をうやまう言い方。暑い日は「お暑い中」、寒い日は「お寒い中」、雨や雪の日は「お足もとが悪い中」などと表現します。

▼ 顔なじみの訪問客へのあいさつ

△ どうもお久しぶりです

○ すっかりご無沙汰しております

＋ その節はたいへんお世話になり、ありがとうございました

しばらく顔を合わせることがなかった相手へのあいさつです。何度も続けて来社してくれた相手には、「たびたびお越しいただいて、申しわけございません」などと述べて、感謝を表します。

▼ 初対面のあいさつ

✕ （名刺を差し出して）わたくし、こういう者です

○ わたくし、○○課の○○○○と申します

＋ 今後ともよろしくお願いいたします

初対面の相手には、名刺を渡して自己紹介をします。名刺を差し出しながら「こういう者です」と言うあいさつは、あまり感じの良いものではありません。会社名や所属部署名とともに、自分の姓と名を述べましょう。

▼ 相手の名前を思い出せないとき

✕ 失礼ですが、あなたのお名前はなんでしたっけ？

○ お名前をもう一度、お聞かせいただけますでしょうか？

＋ 申しわけございませんが…

あってはならないことですが、どうしても相手の名前を思い出せないときは、このようにたずねましょう。「あなた」は、もともとは目上の人に使う敬称でしたが、現在は対等または目下の相手に対してしか使いません。

▼ 上司を呼び出すとき

✕ 上司をお呼びしますので、お待ちください

○ ただいま、上司を呼んでまいります

＋ 少々お待ちくださいませ

「お呼びします」では、お客さまではなく、自分の上司を立てることになってしまうのでNG。これに対して、「呼んでまいります」は、お客さまを立てた謙譲表現になります。

▼ 上司を来客に紹介するとき

✕ こちらが、○○課長です

◯ **こちらが、課長の○○です**

言い換え 弊社営業部の○○です

自社の人間を紹介するときは、呼び捨てにするのが原則です。「課長の○○」は許されますが、「○○課長」という呼び方は不適切。紹介の順番は、自分の上司をお客さまに紹介するのが先です。

▼ 来客を上司に紹介するとき

✕ こちらが、○○社の○○様になります

◯ **こちらが、○○社の○○様です**

＋… ご紹介いたします

自分の上司をお客さまに紹介したら、次に、お客さまを上司に紹介します。「○○になります」という、意味もなく、ぼかした表現は使わないようにしましょう。

担当者への取り次ぎ

受付や玄関先での応対です。来客があることをあらかじめ聞いている場合は、「いらっしゃいませ。お待ちしておりました」と、にこやかに応対すると、担当者の配慮が伝わります。

▼ 担当者を確認するとき

✕ どちらさまをお呼びしましょうか?／どなたにご用でしょうか?

○ どの者をお呼びいたしましょうか?

言い換え いらっしゃいませ。弊社のどの者にご用でいらっしゃいますか?

誰に用があるのかをたずねるときの言い方です。「誰をお訪ねですか?」「誰とお約束ですか?」などと聞くよりも、丁寧な印象を与えます。なお、「弊社」は、相手を立てるために、自分の会社を控えめに表した謙譲語です。

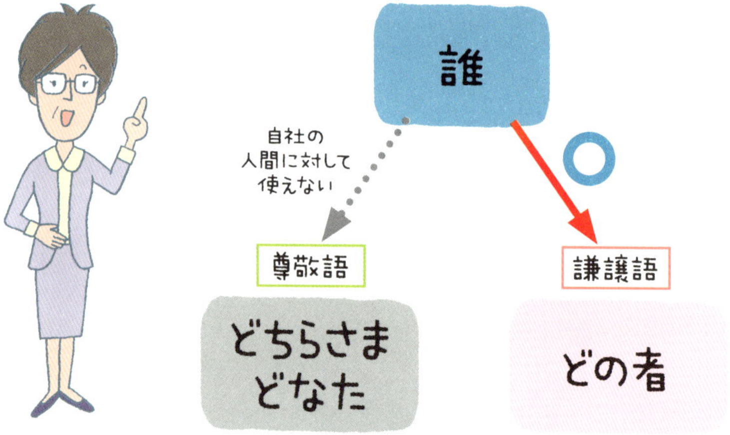

「誰」の尊敬語にあたる「どちらさま」「どなた」を、自社の人間に対して使うのは誤りです。

▼ アポイントのある来客を迎えるとき

✕ いらっしゃいませ。本日、○○にはどのようなご用件でしょうか?

○ **○○様でいらっしゃいますね。お待ちしておりました**

＋ ただいま、応接室にご案内いたします

約束があることがわかっていれば、あえて用件を聞く必要はありません。「お待ちしておりました」と告げれば、担当者と連携がとれていることが伝わり、相手を安心させます。

▼ 担当者に取り次ぐとき

✕ ○○部長でございますね。
すぐに呼んできますので、ちょっとお待ちください

○ **ただいま、呼んでまいりますので、少々お待ちくださいませ**

＋ 部長の○○でございますね

「ちょっと」という表現は、軽々しい印象を与えるので、「少々」という丁寧な言い方に改めましょう。自社の人間を表すときは、呼び捨てにするのが原則。役職をつけて呼ぶときは、「部長の○○」などと、役職のあとに名前を続けます。

▼ 相手に名前をたずねるとき

✕ お名前のほうを頂戴してもよろしいですか?

○ **失礼ですが、お名前をお聞かせいただけますか?**

言い換え お名前をうかがってもよろしいですか?

「頂戴する」は、「もらう」「食べる」の謙譲語です。したがって、「名前を頂戴する」は、日本語として適切ではありません。「〜のほう」という、あいまいな表現にも注意しましょう。

▼ 相手の名前を確認するとき

△ ○○社の○○様でございますね

〇 **○○社の○○様でいらっしゃいますね**

＋ いつもお世話になっております

「ございます」は丁寧語ですが、どちらかと言うと自分側に関することに多く使われます。相手側に使う場合は「ございます」よりも、尊敬語の「いらっしゃる」を用いたほうが、言葉として落ち着きます。

▼ 名刺を預かったとき

✕ お名刺のほうをお預かりさせていただきます

〇 **お預かりいたします**

言い換え 頂戴いたします

「～させていただく」は、遠慮がちな気持ちを表しますが、場合によっては、紋切り型に受け取られ、慇懃無礼な印象を相手に与えかねません。「お預かりいたします」という、すっきりとした表現を心がけましょう。

▼ 受付を通すようにお願いするとき

✕ 受付でおうかがいください

〇 **恐れ入りますが、**
3階の受付でおたずねになってください

言い換え 受付でお聞きになってください

「うかがう」は「聞く」の謙譲語なので、相手の行為には使えません。「おたずねになってください」「お聞きになってください」と言い換えましょう。なお、「おたずねになられてください」「お聞きになられてください」は二重敬語です。

▼ 面会用紙に名前を記入してもらいたいとき

✕ こちらの用紙にお名前をご記入してください

〇 **お手数ですが、こちらの用紙にお名前をご記入ください**

言い換え こちらにお名前をご記入いただけますでしょうか？

うっかり使ってしまいがちな表現ですが、「ご記入してください」は、明らかな間違いです。「して」をとって、「ご記入ください」と言いましょう。

▼ 来客の到着を告げるとき①

✕ 受付にお客さまがまいられました

〇 **受付にお客さまがいらっしゃいました**

言い換え 受付にお客さまが**お越しになりました**

「まいる」は「来る」の謙譲語です。「まいる」に「られる」をつけても、相手に敬意を表したことにはなりません。この場合、「来る」の尊敬語である「いらっしゃる」「お越しになる」「お見えになる」などを用います。

▼ 来客の到着を告げるとき②

△ お客さまがお見えになられました

〇 **お客さまがお見えになりました**

言い換え お客さまが**お見えです**

来客に敬意を表して、「来る」の尊敬語の中でももっとも改まった言い方の「お見えになる」を用いています。「お見えになる」に「られる」をつけた「お見えになられる」は、過剰敬語なので好ましくありません。

▼ 来客の到着を告げるとき③

✕ ○○様が応接室でお待ちしていらっしゃいます

○ ○○様が応接室でお待ちです

言い換え ○○様を応接室にご案内いたしました

「お待ちする」は謙譲表現なので、「いらっしゃる」をつけても相手を立てることにはなりません。正しい敬語は、「待っていらっしゃいます」「お待ちです」などです。

▼ 来客の到着を告げるとき④

△ 課長にお客さまです

○ お話の途中で失礼いたします

＋ ○○社の○○様がお見えになりました

打ち合わせ中の上司に、来客の到着を告げるときの言い方です。上司が社外の人と話しているときは、「お話の途中で失礼いたします」などと前置きして、メモを渡すなどしましょう

▼ 担当者が来る旨を来客に伝えるとき

✕ ただいま、課長がいらっしゃいます

○ ただいま、○○がまいります

＋ 少々お待ちくださいませ

社外の人に向かって、社内の人間の行動を尊敬語で表すのは間違いです。この場合、「いらっしゃる」という尊敬語ではなく、「まいる」という謙譲語を用いましょう。また、上司であっても呼び捨てにすることを忘れずに。

▼ 社内の人に上司の居場所をたずねるとき

✕ ○○課長は、どこにおられますか？

○ ○○課長は、どちらにいらっしゃいますか？

言い換え どちらにいらっしゃるかご存じですか？

「いる」の尊敬語は「いらっしゃる」です。謙譲語の「おる」に「れる・られる」をつけても、相手を立てたことにはなりません。また、「どこ」は、「どちら」と言い換えましょう。

▼ 担当者がすぐに来られないとき

✕ ○○が5分ほどお待ちくださいと申しております

○ 5分ほどお待ちいただけますでしょうか？

＋… 申しわけございません

担当者の遅れを来客に告げるときは、「お待ちいただけますでしょうか？」と、依頼の形をとるほうが相手の了解を得やすくなります。「申しわけございません」というクッション言葉を前置きすることも忘れずに。

▼ 担当者が遅れているとき

✕ 少々お待ちしてください

○ 少々お待ちいただけますでしょうか？

言い換え お待たせして申しわけございません。様子を見てまいります

「お待ちしてください」という言い方は間違い。正しくは「お待ちください」です。「お待ちいただく」という謙譲語を用いて、さらに「〜していただけますでしょうか？」という形でたずねれば、より丁寧です。

アポイントなしの来客応対

アポイントのない相手であっても、冷たくあしらうのは禁物です。アポイントのあるお客さまと同じような態度で接し、丁寧な言葉づかいで用件をうかがいましょう。

▼ 用件をたずねるとき

✕ どういう用件でしょうか？

○ **失礼ですが、どのようなご用件でしょうか？**

言い換え **よろしければ**、ご用件をおうかがいいたします

いきなり用件をたずねるのは、来客に不信を抱いているようで礼儀に欠けます。「失礼ですが」「よろしければ」などのクッション言葉をはさみましょう。また、「どういう用件」も「どのようなご用件」と言い換えたほうが丁寧です。

担当者に確認をとりたいとき

ただいま、
確認をしてまいりますので、
少々お待ちくださいませ

「お取り次ぎしてもよいか、担当者に聞いてまいります」という言い方は、許可を上から与えているような印象を与えるのでNG。アポイントの有無にかかわらず、来客は丁寧な言葉づかいで迎えましょう。

▼ アポイントの有無をたずねるとき

✕ アポはおとりですか？

○ **失礼ですが、お約束はいただいておりますでしょうか？**

言い換え **恐れ入りますが**、お約束をいただいておりましたでしょうか？

「アポはおとりですか？」とたずねてしまうと、相手を警戒しているような印象を与えてしまいます。「失礼ですが」「恐れ入りますが」などのクッション言葉をはさんで、約束の有無を確認しましょう。

▼ 担当者に来客を告げるとき

△ ○○様とおっしゃる方がいらしています。どうなさいますか？

○ **○○社の○○様が受付にいらしています**

＋ **いかがいたしましょうか？**

来客の到着を告げ、どのように対応すればいいのかを、担当者に確認するときの言い方です。「なさる」という尊敬語を用いるのも間違いではありませんが、「いかがいたしましょうか？」のほうがソフトに聞こえます。

▼ 担当の部署を案内するとき

✕ 総務部でお話を聞くので、○階まで来てくれませんか？

○ **○階まで いらしていただけますでしょうか？**

＋ 総務部で**ご用件をうけたまわります**ので…

「来てくれませんか？」という表現には、敬意がありません。「いらしていただけますでしょうか？」とお願いをしましょう。「お話を聞く」は、「ご用件をうけたまわる」と言い換えることで、丁寧さが増します。

▼ 取り次ぎをお断りするとき①

✕ アポイントのない方の取り次ぎはできません

○ お約束のない方のお取り次ぎは **いたしかねます**

＋ まことに申しわけございませんが…

ビジネスシーンでは、「できません」という否定的な物言いを避け、「いたしかねます」などの婉曲表現を用います。クッション言葉も忘れずに。

▼ 取り次ぎをお断りするとき②

✕ 本日はお会いすることができません

○ 本日は予定が入っており、お会いすることが**難しくなっております**

＋ 申しわけございません

「できません」と言い切ってしまうと、相手を拒絶しているような印象を与えます。「難しくなっております」など、直接的ではない、ソフトな言い方を心がけましょう。

▼ 担当者が外出中のとき

✕ ○○は出かけています

○ あいにく○○は外出しており、**○時に戻る予定**となっております

＋ いかがいたしましょうか？

担当者を名指しで訪ねてきた場合は、戻り時間を告げ、相手の希望をうかがいます。また、大事なお客さまの場合は、担当者の携帯電話に連絡をして、どのような対応をとるべきか確認しましょう。

▼ 担当者が会議中のとき

✕ ちょうどいま、会議に入ってしまいました

〇 ○○はただいま、会議中ですが、**いかがいたしましょうか？**

＋… 申しわけございません

「いかがいたしましょうか？」とたずねて、受付で待ってもらうか、出直してもらうかを相手に決めてもらいます。大事なお客さまの場合は、担当者にメモを渡すなどの臨機応変な対応が求められます。

▼ 担当者が休みのとき

✕ 担当の○○は、本日、お休みをいただいております

〇 あいにく担当の○○は、本日、**休みをとっております**

＋… 申しわけございません

「お休みをいたただいております」と言うと、電話をかけてきた相手のおかげで休みがもらえたという表現になります。休みを与えているのは会社なので、「休みをとっております」「休んでおります」としましょう。

来客のもてなしと見送り

来客を案内する、もてなすときの言い回しです。接客の作法とも切り離せないので、基本的なマナーもしっかり身につけておきましょう。

▼着席をうながすとき

✕ ここにお座りしてお待ちください

◯ **こちらにおかけになってお待ちください**

言い換え **お座りになって**お待ちください

応接室などに案内して、着席をうながすときの一言です。「お座りしてください」では、主人に「お座り」を命じられた飼い犬のような気分にさせてしまいます。「おかけになってください」「お座りになってください」と言いましょう。また、「ここ」は「こちら」と言い換えたほうが丁寧な印象を与えます。

よろしければ、
コートをお預かり
いたしましょうか？

「コート、預かりましょうか？」と聞くよりも、丁寧な言い方です。「よろしければ…」というクッション言葉をはさむことで、相手の意向を優先した聞き方になります。

▼ 社内の人にお客さまの案内を頼むとき

✕ お客さまを応接室にご案内ください

〇 お客さまを応接室にご案内してください

関連 お客さまにお茶をお出ししてください

社内の人に案内役をお願いするときの一言です。「ご案内する」は、お客さまを立てるための謙譲語。「ご案内ください」では、社内の案内役を立てているような印象を与えてしまいます。

▼ お客さまを部屋へ案内するとき

✕ 応接室へお連れいたします

〇 応接室へご案内いたします

＋ どうぞこちらへ

「ご案内する」は、「案内する」の謙譲表現。行き先を告げ、お客さまを先導するときの一言です。「お連れする」には、お客さまに対する尊敬の気持ちがこめられていません。

▼ お客さまといっしょにエレベーターに乗るとき

✕ どうぞ乗ってください

〇 どうぞお乗りください

言い換え お先に失礼します

お客さまをエレベーターに乗せるときの案内方法です。「どうぞお乗りください」と述べて相手を先に乗せる場合と、「お先に失礼します」と言って自分が先に入り、相手を招き入れる場合があります。

▼ 入室するとき

✕ どうぞ入ってください

◯ どうぞ中へお入りください

関連 担当の者がまいりますので、しばらくお待ちください

扉を開き、お客さまを部屋の中に誘導する一言です。「入ってください」は、「お入りください」と言い換えます。退室の際は、「担当の者がまいりますので、しばらくお待ちください」と声をかけましょう。

▼ お茶を出すとき

✕ …（無言）

◯ お茶をお持ちいたしました

言い換え 粗茶でございます

無言でお茶を差し出すのは感心できません。お客さまの背後からお茶を出すときは、「後ろから失礼いたします」の一言を忘れずに。「粗茶でございます」は、お茶をすすめるときの、へりくだった言い方です。

▼ テーブルの上にお茶を置くスペースがないとき

✕ こちらに置かせていただいて、けっこうでしょうか？

◯ こちらに置かせていただいて、よろしいでしょうか？

言い換え どちらに置かせていただきましょうか？

テーブルの上に、書類などが広がっているときは、少し離れた場所にお茶を置きます。相手に許可を求めるときは、「けっこうですか？」ではなく、「よろしいですか？」とたずねましょう。

▼ 手みやげをいただいたとき

✕ せっかくなので、いただいておきます

○ ご丁寧にありがとうございます。
では、**頂戴いたします**

言い換え お気づかいいただき、ありがとうございます

手みやげを両手で受け取り、丁寧にお礼を述べます。「せっかくなので」という表現では、喜んで受け取る気持ちが伝わりません。もらったお菓子などをお茶といっしょに出すときは、「おもたせで失礼ですが…」などと言いそえましょう。

▼ トイレの場所を教えるとき

✕ 廊下の突き当たりを
左に曲がってもらって、まっすぐ進んでいただけますか？

○ 廊下の突き当たりを
左に曲がって、まっすぐお進みください

言い換え ご案内いたします

道順は簡潔に伝えることが大切です。敬語を使いすぎると、表現が回りくどくなって、相手に伝わりません。場所を説明しづらいときは、「ご案内いたします」と案内を申し出ましょう。

▼ 話の途中で携帯電話が鳴ってしまったとき

✕ 携帯が入りましたので、少々お待ちいただけますか？

○ **たいへん失礼いたしました**

関連 たいへん申しわけございません。電話に出てもよろしいでしょうか？

接客中は、携帯電話の電源を切っておくのが基本マナーです。話の途中で着信音が鳴ってしまった場合は、「たいへん失礼いたしました」と言って、すぐに電源をオフにするかマナーモードにしましょう。

▼ 打ち合わせ中の担当者に急ぎの用件を伝えるとき

△ 課長、○○社の○○さんからお電話です

○ お話し中、まことに申しわけありません

言い換え 打ち合わせ中、失礼いたします

打ち合わせ中の担当者への急ぎの用件は、メモで伝えるのが基本。話が途切れるタイミングを見計らって、「お話し中、申しわけありません」と切り出しましょう。

▼ やむを得ない事情で中座するとき

✕ ちょっとだけ、すみません

○ 失礼いたします。すぐに戻ります

関連 お待たせして、たいへん失礼いたしました

打ち合わせを中断して、一時的に退席する場合の言い方です。用事を済ませて席に戻ったら、「お待たせして、たいへん失礼いたしました」などと、おわびの言葉を述べましょう。

▼ 突然の雨で傘を渡すとき

✕ 雨が降ってきたので、傘をお持ちしてください

○ 雨が降ってまいりましたので、傘をお持ちください

言い換え よろしければ、傘をお持ちになってください

「お持ちしてください」はNG。「持っていってください」を尊敬表現で言い換えると、「お持ちください」または「お持ちになってください」になります。なお、ここでの「まいる」は、謙譲語ではなく、丁寧語です。

▼ 別れのあいさつ

✕ 今日はご苦労さまでした

○ **本日はお越しいただきまして、ありがとうございました**

＋ なんのおかまいもせず失礼いたしました

会いに来てくれたことに対して、改めて感謝の言葉を述べましょう。「ご苦労さま」は、自分のために仕事をしてくれた人への言葉なので、来客に向かって使うのは不適切です。

▼ 見送りのあいさつ

✕ それじゃあ、ここで失礼します

○ **それでは、こちらで失礼いたします**

＋ お気をつけてお帰りくださいませ

玄関先で見送るのが原則ですが、お客さまが見送りを固辞した場合は、エレベーターや階段の前で別れてもかまいません。ただし、その場合も丁寧な言葉であいさつを述べましょう。

話を聞く、意思を伝える

大切なのは、相手を立てる気持ちと、謙虚な姿勢です。言葉の選択を誤ると、上からモノを言っているような印象を与えるので注意しましょう。

▼ 取引先からのお願いをこちらの事情で断るとき

× 内情を察してください

○ 内情をおくみとりくださいませ

＋… ご期待にそえず、申しわけございません

直接的な表現を避けた、角が立たない言い方です。「くみとる」という言葉には、相手の心情を思いやるというニュアンスがふくまれています。

きっぱりと断るとき

きっぱりと断るときは、「いたしかねます」「応じかねます」などを使います。たまに耳にしますが、「いたしかねません」「応じかねません」という言い方は誤用です。

▼ 相づちを打つとき

✕ なるほど／へえ～

○ さようでございますか

言い換え そうなのですか

「さようでございますか」は「そうなのですか」の丁寧な言い方です。目上の人に対して、「なるほど」「へえ～」と相づちを打つのは失礼。上から目線で、相手を評価しているようなニュアンスに受け取られかねません。

▼ 同意を示すとき

✕ 申し上げられたとおりです

○ おっしゃるとおりでございます

言い換え やはり、そうでしたか

「申し上げる」は、自分が目上の人に何かを「言う」ことを表す謙譲語です。「れる」をつけても謙譲の気持ちは伝わりません。また、尊敬語の「おっしゃる」に「れる・られる」をつけた「おっしゃられる」もNGです。

▼ 意見を求められたとき

✕ わたし的にはそう思います

○ わたくしはそう思います

言い換え わたしも賛成です

若者を中心に幅広い世代に浸透している「ぼかし言葉」ですが、断定を避けた表現はビジネスシーンにおいてふさわしくありません。「わたし的には」などのあいまいな表現はつつしみましょう。

▼ 要望にこたえたいとき

✕ お困りのときは、なんなりと申してください

○ どうぞお気軽に**お申し付けください**

言い換え ご要望があれば、遠慮なくおっしゃってください

「申す」は、「言う」の謙譲語なので、相手の行為を表すことはできません。ただし、「申し付ける」には、へりくだった意味はないので、「お～ください」の形で、改まった敬語表現として用いることができます。

▼ 納得が得られたか確認したいとき

△ おわかりいただけましたでしょうか？

○ わたくしの説明で、
ご納得いただけましたでしょうか？

＋ 不明な点がございましたら、遠慮なくおたずねください

敬語表現に問題はありませんが、「わかりましたか？」「理解できましたか？」という、上から目線の強制的な口調に聞こえてしまいます。慎重に言葉を選びましょう。

▼ 即答できないとき

✕ それは微妙ですね

○ **確認の上**、お返事をいたします

＋ 申しわけございません

いいか悪いかの判断がつかないとき、「微妙」という言葉を使うのは適切ではありません。「確認の上、お返事をいたします」と答えて、上司の判断をあおぎましょう。

▼ 自社の新製品を説明するとき

✖ わが社の新製品を紹介します

○ **わたくしどもの新製品について、ご説明をさせていただきます**

言い換え 本日は、**弊社**新製品のご紹介でうかがわせていただきました

「わが社」は尊大な印象を与えるので、社外の人に使うのは避けたほうが無難。「わたくしども」「弊社」などを用いましょう。「ご説明」の「ご」は、相手を立てる謙譲語なので、自分の動作に使っても問題はありません。

▼ 相手がすでに聞いていると思うことを告げるとき

✖ もうおうかがいになっていらっしゃると思いますが…

○ **すでにお聞き及びのこととは存じますが…**

言い換え **ご存じ**のように…

「うかがう」は謙譲語なので、「おうかがいになっていらっしゃる」と丁寧に述べても、相手の行為に使うことはできません。「存じる」は、「思う」の謙譲語。「ご存じ（ご存知）だ」は、「知っている」の尊敬語です。

▼ 上司の発言を受けて説明するとき

✖ ○○部長がおっしゃいましたように…

○ **○○が申し上げましたように…**

言い換え **弊社の○○**が申し上げましたように…

自社の人間は、たとえ上司であっても、呼び捨てにしましょう。改まった場では「弊社の○○」、ややくだけた場では「うちの部長」などといった呼び方も許されます。

▼ 資料を見てもらいたいとき

✕ お渡しした資料を拝見してください

○ お渡しした資料を ご覧いただけますでしょうか？

言い換え お手元の資料をご覧ください

「拝見する」は「見る」の謙譲語です。立場が上の人に「見てください」と言うときは、「ご覧になる」という尊敬語を使いましょう。「ご覧いただけますでしょうか？」とお願いすることで、さらに丁寧な印象を与えます。

▼ カタログを渡すとき

✕ カタログを置いていきますので、よかったら見てください

○ こちらが新商品のカタログです。よろしければご覧ください

関連 ショールームにお越しになれば、実物をご覧になれます

「ご覧になる」は、「見る」の尊敬語。「よろしければ」とすすめれば、控えめで謙虚な気持ちも示すことができます。「お越しになる」は、「来る」の尊敬語です。

▼ 質問に答えられないとき

✕ わからないので、くわしい者に聞いておきます

○ すぐにお調べしてお返事をさしあげます

＋… 申しわけございません

商談や取引先との交渉で、「わからない」と言うのは禁句です。即答できないことをわびて、折り返しの連絡を約束しましょう。

▼ 念を押すとき

✕ 必要書類をお忘れしないように…

〇 **必要書類をお忘れになりませんように、ご注意ください**

言い換え 必要書類をお忘れのないように…

「お忘れしない」という敬語表現はありません。「忘れないように」と念を押すときは、「お忘れになる」という尊敬の形を用いて、「お忘れになりませんように」と述べます。

▼ 相手の話を聞きたいとき

✕ お話を聞かせてもらっていいですか?

〇 **お話をうかがわせていただけますでしょうか?**

言い換え ご意見をお聞かせいただけますでしょうか?

「聞く」の謙譲語である「うかがう」を用いて、「うかがわせていただけますでしょうか?」と疑問形で頼みます。「いいですか?」という聞き方はぞんざいなので、丁寧な表現を心がけましょう。

▼ 無理なお願いをするとき

✕ 無理は承知ですが、なんとかなりませんか?

〇 **ご配慮願えませんでしょうか?**

＋… 本日は、ご無理を承知でお願いにあがりました

「ご配慮」とは、敬意を払うべき相手からの心づかいのこと。「ご配慮願えませんでしょうか?」「ご配慮いただけないでしょうか?」などと、謙虚な態度でお願いをします。

▼ 協力を求めるとき

△ 力を貸してください

○ **お力添えいただけないでしょうか？**

言い換え **お知恵を拝借**できませんでしょうか？

「力添え」とは、協力や手助けのこと。「お力添え」は、年長者や立場が上の人に対して使う謙譲語です。「拝借する」は、「借りる」の謙譲語で、「お知恵を拝借する」などと用います。

▼ 人を紹介してもらいたいとき

✕ ご担当の方をご紹介してください

○ **ご担当の方を**
紹介していただけませんでしょうか？

言い換え お引き合わせいただけませんでしょうか？

「ご紹介する」は謙譲表現なので、相手の行為には使えません。「紹介していただけませんでしょうか？」などと言い換えましょう。また、「ご紹介ください」の「ご」は丁寧語なのでOKです。

▼ 予定時間を過ぎてしまったとき

✕ お時間のほうは、まだ大丈夫ですか？

○ **お話を続けてもよろしいでしょうか？**

＋… お約束の時間を過ぎているようですが…

「～のほう」というあいまいな聞き方は不適切です。「大丈夫ですか？」は、何か問題が起きている場面で相手を気づかう表現なので、「よろしいでしょうか？」と言い換えます。

▼ 商談や打ち合わせを切り上げるとき

✕ 次の約束がありますので、そろそろ…

◯ **次回の打ち合わせは、〇日の〇時からということでよろしいでしょうか？**

関連 では、ご検討のほど、よろしくお願い申し上げます

商談や打ち合わせを終え、話を切り上げるときの一言です。迎える側が先に立ち上がると、早く帰るように相手をせかすことになるので、相手よりもあとに立ち上がるように心がけましょう。

▼ 検討をうながすとき

△ 前向きに考えてもらえないでしょうか？

◯ **ご検討いただけませんでしょうか？**

言い換え では、次回の打ち合わせまでにご検討ください

間違いとは言い切れませんが、「前向き」という言葉を、相手に対して使うことに違和感をおぼえる人もいます。「ご検討」とは、よく調べて判断してもらうことの、へりくだった表現です。

入金や納品、約束の遅延などを指摘する

入金や納品の遅れを指摘し、催促をするときの言い方です。相手側に落ち度があったとしても、契約違反をとがめたり、命令口調にならないように注意しましょう。

▼ 入金が遅れているとき

△ ご入金が遅れているようですが、いかがされましたでしょうか？

○ お調べいただけませんでしょうか？

＋ お手数ですが…

「いかがされましたでしょうか？」と聞いてしまうと、相手が入金を忘れていたり、意図的に遅らせていることを前提に話をしているような印象を与えます。相手を非難するのではなく、「何かの手違いではありませんか？」「お忘れではありませんか？」という謙虚な気持ちを示して、確認を求めましょう。

何かの
手違いかと存じますが、
ご入金がまだ確認
できておりません

連絡が行き違いになり、相手がすでに入金を済ませている可能性も考えられます。あくまでも、現時点でまだ入金が確認できていないという事実を、相手に伝えましょう。

▼ 納品が遅れているとき

✕ 納品期限を過ぎていますが、どうなっているのですか？

〇 **恐れ入りますが、**
至急ご調査いただけませんでしょうか？

＋ お約束の商品がまだ届いていないようです

相手の非を責めるような強い言い方は、つつしむべきです。「恐れ入りますが…」「お手数をおかけいたしますが…」などのクッション言葉を使って、ソフトな表現を心がけましょう。

▼ 金額が間違っているとき

✕ 請求書と納品書の金額が違うのは、どういうことですか？

〇 **ご確認いただけますでしょうか？**

＋ ご請求いただいた金額が納品書と異なっているようですが…

やんわりとした表現を用いて、相手のミスを指摘します。「どういうことですか？」「間違えていませんか？」といった直接的な表現は用いるべきではありません。

▼ 約束したはずの連絡が来ないとき

✕ いつまで経っても連絡が来ないのは、どういうことでしょうか？

〇 **いかがされましたでしょうか？**

＋ ご連絡をいただきたいと、お願いしていたつもりだったのですが…

相手を糾弾するような言い方は禁物。「いかがされましたでしょうか？」などと、相手の状況を思いやるソフトな言い回しが求められます。

アポイント

他社を訪問する際は、原則としてアポイントが必要になります。面談の用件や所要時間などを明らかにしてから、相手の都合を聞いて日時を約束しましょう。

▼ 電話で相手の都合を聞くとき

✕ いつならば、空いていますか？

〇 **1時間ほど、お時間をいただけませんでしょうか？**

言い換え 30分ほど、お時間を頂戴できませんでしょうか？

電話でアポイントをとるときは、どのような用件でうかがうか、面談にどのくらいの時間がかかるかを伝えることが大切。「一度、ごあいさつにおうかがいさせていただきたいのですが…」「先日、ご依頼いただいたお見積もりの件で…」などと最初に用件を述べて、相手の都合をたずねます。

都合の悪い日時を指定されたとき

あいにく、その日は外せない予定がありますので、他の日でお願いできませんでしょうか？

日にちを提案して相手の都合を聞くとき

来週のご都合は、いかがでしょうか？

アポイントの日時については、先方が指定した日時にこちらの都合を合わせるのが基本です。都合の悪い日時を指定されたときは、「申しわけございません」と謝罪の言葉を述べてから、別の日時を提案してもらいましょう。日にちを提案して相手の都合を聞く場合は、「どうでしょうか？」ではなく、「いかがでしょうか？」とたずねます。

▼ 約束の日時を確認するとき

△ では、当日よろしくお願いします

○ それでは、○月○日○時に、○名でおうかがいいたします

言い換え ○名でまいります

約束した日時に相違はないか、電話を切る間際に確認しておきましょう。複数人で訪れる場合は、事前に人数も伝えておきます。訪問の前日に、確認の電話を入れておくことも忘れずに。

▼ 約束を確認するとき

× ○時に待ち合わせということで、よろしかったでしょうか?

○ ○時に待ち合わせということで、よろしいでしょうか?

言い換え では、○時に本社前でお待ちしております

よく耳にする言い方ですが、「よろしかったでしょうか?」と、過去形を使うのは間違いです。「よろしいでしょうか?」と、正しく言えるように習慣づけましょう。

▼ 約束した時間に遅れそうなとき

× すみませんが、10分くらい遅れます

○ 10分ほど遅れてしまいそうなのですが、お待ちいただけますでしょうか?

関連 お待たせして、たいへん申しわけございません

約束した時間に遅れそうな場合は、約束した時刻よりも前におわびの連絡をし、到着予定時間を伝えます。そのあと、当日の訪問が可能かどうか、相手の都合をたずねましょう。

受付

訪問先の受付で

訪問者は受付で、まず自分の会社名、部署、氏名を名乗ります。取り次ぎを依頼するときは、面会担当者の所属部署と氏名、約束の有無を伝えましょう。

▼ 担当者に取り次いでもらいたいとき

✕ 営業部の○○様はおりますか？

○ 営業部の○○様に お取り次ぎいただけますでしょうか？

＋ ○時にお約束をいただいております、○○社の○○と申します

「おる」は「いる」の謙譲語なので、「おりますか？」は間違いです。面会の約束をとりつけている場合は、受付の人に「お取り次ぎいただけますでしょうか？」とたずねましょう。

○○様は いらっしゃいますでしょうか？
恐れ入りますが、 ○○部長にお取り次ぎ いただけますか？

相手の立場によらず、「様」を用います。役職は敬称を兼ねているので、「○○部長」などと言ってもかまいません。

▼ 受付で名乗るとき

✕ （名刺を差し出して）わたくし、こういう者です

〇 〇〇商事、〇〇部の〇〇〇〇と申します

＋… いつもお世話になっております

受付では、最初に、自分の会社名、部署、氏名を告げるのがマナーです。取引のある会社には、「いつもお世話になっております」という、あいさつも述べましょう。

▼ 担当者の名前がわからないとき

✕ ～の担当者を呼んでもらえますか？

〇 総務ご担当の方は、いらっしゃいますか？

＋… 恐れ入りますが…

「呼んでもらえますか？」というお願いのしかたは、横柄です。「いらっしゃいますか？」「ご在席でしょうか？」などとたずねましょう。受付の人に「お待ちください」と言われたら、「恐れ入ります」とこたえます。

▼ 約束なしで訪問したとき

✕ 近くまで来たので、ちょっと寄らせてもらいました

〇 近くへまいりましたので、ごあいさつにと思いまして寄らせていただきました

＋… 突然にうかがいまして、たいへん申しわけありません

「たまたま近くまで来たので、ついでに寄らせてもらいました」という言い方は、相手を軽く見ているような印象を与えるのでNG。突然の訪問は、本来はマナー違反なので、おわびの言葉も忘れずに。

担当者が不在だった

約束なしで訪問した場合は、外出中などの理由で、担当者と会えないこともあります。そのようなときは、伝言を残し、名刺を置いていくなどの対応をとりましょう。

▼ 再訪を約束するとき

✕ 日を改めて、うかがわさせていただきます

○ **それでは、また日を改めておうかがいいたします**

＋ 失礼いたしました

「うかがう」という謙譲語と、「〜させていただく」という敬語表現の重複が、回りくどく感じられます。「おうかがいいたします」と簡潔に述べましょう。

名刺を置いて帰るとき

恐れ入りますが、ご担当の方に
名刺だけでもお渡し
いただけますでしょうか？

あいさつ代わりに、名刺を置いていくときの言い方です。「名刺を置いていくので、担当者に渡してください」では、丁寧さが足りません。

▼ 訪問したことを伝えてほしいとき

✕ ○○様が戻ったら、○○が来たと伝えておいてください

○ **○○社の○○がうかがったと、お伝えいただけますでしょうか？**

＋ ○○様がお戻りになられましたら…

「来る」の謙譲語である、「うかがう」を用います。「戻ったら」は「お戻りになりましたら」、「伝えておいてください」は「お伝えいただけますでしょうか？」と丁寧な言葉に言い換えます。

▼ 同じ部署の人に取り次いでもらいたいとき

✕ 他の方でもかまいません。～についてわかる方はいませんか？

○ **どなたか同じ部署の方にお取り次ぎいただけないでしょうか？**

＋ 恐れ入りますが…

「他の方でもかまわない」という言い方は、相手を軽く見ているようで失礼です。「～件でおうかがいしたいことがございます」と用件を先に述べてから、取り次ぎをお願いしましょう。

▼ 約束したはずの担当者が不在だったとき

✕ ○時にお約束をしたはずなのですが…

○ **こちらで何か手違いがあったのかもしれません**

＋ まことに恐れ入りますが、○○様にご確認いただけないでしょうか？

不満を示すような言動は禁物です。相手が約束を忘れている場合であっても、「こちらの手違いかもしれない」という謙虚な態度で、確認をお願いします。

担当者へのあいさつと名刺交換

名刺交換は、社会人の基本です。名刺を差し出したり、受け取ったりするマナーとともに、失礼のないあいさつの言葉をおぼえておきましょう。

▼ 名刺を渡すとき

✗ わたくし、こういう者です

○ **はじめまして。わたくし、〇〇社営業部の〇〇〇〇と申します**

💬➕ どうぞよろしくお願いいたします

「こういう者です」と言って名刺を渡すのは、相手に失礼です。会社名、所属部署名に続けて、姓と名をはっきり述べましょう。やむを得ず、テーブルをはさんであいさつをするときは、「テーブル越しで申しわけありません」と一言そえること。初対面の相手には、「はじめまして」という基本のあいさつも忘れずに。

名刺を差し出すタイミングを逃してしまったとき

> 申し遅れました。
> 〇〇社〇〇部の
> 〇〇〇〇と申します

名刺を差し出す前に話が進んでしまった場合は、話が一段落するタイミングを見計らい、「申し遅れました」「ごあいさつが遅れました」などと述べてから、名刺を差し出しましょう。

▼ 名刺交換のあとのあいさつ

✕ これからよろしくおつき合いください

○ どうぞよろしくお願いいたします

言い換え 今後ともよろしくお願い申し上げます

立場が上の人や、目上の人に向かって「よろしくおつき合いください」と言うのは、失礼です。商談などでは、「どうぞよろしくお願いいたします」などと、丁寧なあいさつを心がけましょう。

▼ 名刺を受け取るとき

✕ …（無言）

○ ○○様でございますね。頂戴いたします

言い換え 恐れ入ります

名刺を受け取る際は、相手の名前を復唱し、「頂戴いたします」と述べるのが基本です。受け取った名刺をその場で名刺入れにしまうときは、「失礼いたします」と一言断りを入れましょう。

▼ 名刺を忘れてしまったとき

✕ すみません。名刺を忘れてしまいました

○ あいにく名刺を切らしてしまいまして…

＋ 申しわけございません

「名刺を忘れた」とは言わずに、「名刺を切らした」という表現を使います。後日、お会いして名刺を渡すときは、「先日は名刺を切らしており、たいへん失礼いたしました。改めまして、○○と申します」と述べましょう。

▼ 名前の読み方がわからないとき

✕ お名前はなんと読めばいいのですか？

**〇 失礼ですが、
お名前はなんとお読みするのでしょうか？**

言い換え　○○様とお読みすればよろしいのでしょうか？

時間が経過すると聞きづらくなるので、できるだけその場で確認しておきましょう。名前が聞き取れなかったときは、「恐れ入りますが、お名前をもう一度、おっしゃっていただけますでしょうか？」とたずねます。

▼ 名刺が新しくなったとき

✕ このたび、営業課長に昇進しましたので、
新しい名刺を受け取ってください

**〇 部署が変わりましたので、
改めてごあいさつをさせてください**

＋ 今後とも、よろしくお願いいたします

所属部署や肩書きが変わったら、新しい名刺を渡して、あいさつをします。電話番号やメールアドレスが変わったときは、「お手数ですが、アドレス帳をお書き換えください」などと言いそえます。

▼ 着任のあいさつ

✕ ○○さんの後任として、担当を任せられました○○です

**〇 今月より、わたくし○○が
御社を担当させていただくことになりました**

＋ よろしくお願いいたします

「御社」は、相手の会社をうやまった言い方。もともとは書き言葉でしたが、最近は話し言葉として定着しています。「前任の○○がたいへんお世話になりました」と一言そえると、会社の一員であるという自覚が伝わります。

▼ 同行した上司を、取引先の人に紹介するとき

✕ わたくしの上司の、○○課長です

○ **課長の○○です**

＋… ご紹介させていただきます

役職には敬称の意味がふくまれているので、社外の人に「○○課長です」と紹介するのは不適切。「課長の○○です」と役職を先に述べてから、名前を呼び捨てにしましょう。

▼ 取引先の人を、自分の上司に紹介するとき

✕ こちらが、○○社長様になります

○ **こちらが、いつもお世話になっている○○社長です**

言い換え こちらが、**社長の○○様**です

「社長」「部長」「支店長」などの役職名は、それだけで相手を立てている敬称なので、その下に「様」や「さん」をつけるのは間違いです。「○○社長」や「社長の○○様」などと紹介するようにしましょう。

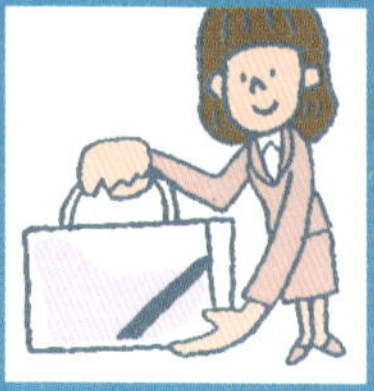

訪問先でのちょっとした一言

社会人としての礼儀正しさを伝えるのは、あいさつのシーンだけではありません。ふだんづかいの敬語や丁寧な言い回しは、相手を心から敬うことで身につけることができます。

▼ 手みやげを渡すとき

△ つまらないものですが…

○ **心ばかりのもの**ですが、よろしければ、皆さまでお召し上がりください

言い換え お口に合いますかどうかわかりませんが…

「つまらないものですが…」という謙遜した言い方は、恩着せがましさを避けた、日本人の細やかな感性の表れです。しかし、最近は言葉の真意がなかなか伝わらず、失礼だと受け取られてしまうケースもあるので、「心ばかりのものですが…」など、他の言葉に置き換えたほうがいい場合もあります。なお、「召し上がる」は、「食べる」の尊敬語です。

甘い物がお好きだと、うかがいましたので…

「心ばかりのもの」には、「何を贈れば喜んでもらえるか、いろいろ考えました」「気に入ってもらえるかどうかはわかりませんが…」という謙虚で控えめな気持ちがこめられています。

婉曲な表現は避け、素直に気持ちを伝えたほうがよい場合もあります。

▼ 粗品を渡すとき

✕ うちのカレンダーになります。どうぞご活用してください

〇 **弊社のカレンダーです。どうぞご活用ください**

関連 記念の品でございます。どうぞお持ちくださいませ

「ご活用してください」はNG。「して」を削除して「ご活用ください」と表現しましょう。自分の会社を「うち」と呼ぶケースもありますが、雑に聞こえるので、改まった場では避けたほうが無難です。

▼ お茶を出されたとき

✕ どうもすみませんです

〇 **お気づかいありがとうございます。どうぞおかまいなく…**

言い換え 頂戴いたします

「すみません」が口癖になっている人は、社会人として失格。「ありがとうございます」とお礼を言いましょう。目の前の担当者が話をしているときは、お茶を出してくれた人を見て、会釈するだけでもかまいません。

▼ トイレを借りるとき

✕ すみません、おトイレはどこでしょうか？

〇 **恐れ入りますが、お手洗いを貸していただけますか？**

言い換え 化粧室をお借りしてもよろしいでしょうか？

原則として、外来語には「お」をつけません。そのまま「トイレ」と言うか、「お手洗い」という日本語の表現を用いましょう。女性の場合は、「(お) 化粧室」と言い換えることもできます。

辞去する

辞去のきっかけは、訪問した側がつくるのが一般的なマナーです。相手に余計な気を使わせないように、辞去の言葉をタイミングよく切り出しましょう。

▼ 辞去のきっかけをつくるとき

✕ ぼちぼち失礼しましょうか…

○ **本日はお時間をいただきまして、まことにありがとうございました**

＋ では、そろそろ**失礼いたします**

「お時間をいただきまして、ありがとうございます」などと、面談の時間をつくってくれたお礼を告げてから、「失礼いたします」という言葉を述べて、席を立ちましょう。

面談の時間が長引いてしまったとき

すっかり長居をしてしまいました。
そろそろ、**おいとま**させていただきます

「おいとま」とは、訪問先から退出すること。「おいとまする」は、「帰る」の謙譲表現として用いられます。

相手に次の予定がつまっているとき

わたくしも**次の予定**がございますので、
また改めてうかがわせていただきます

辞去のきっかけをつくる言葉は、臨機応変に。相手が忙しそうな場合は、「わたくしも次の予定がございますので…」と告げて、相手に気を使わせない配慮をします。

▼ 見送りを受けたときのあいさつ

✕ わざわざお見送り、すみません

○ お見送り、**ありがとうございます**

＋ それではこちらで失礼いたします

「わざわざ」には、しなくてもよいことをするといった意味もあります。不用意に使うと、「来なくてもよかったのに」という意味にとられることがあるので注意しましょう。

▼ 見送りを辞退するとき

✕ お見送りは無用ですので、どうぞお引き取りください

○ こちらで**失礼させていただきます**

言い換え こちらで**けっこうでございます**

相手が見送りを申し出た場合も、エレベーターや階段の前などで、見送りを辞退するのが一般的なマナーです。「失礼させていただく」という表現が冗長に感じられる場合は、「けっこうでございます」と簡潔に述べてもいいでしょう。

▼ 受付の人へのあいさつ

✕ …（無言）

○ **失礼いたします**

言い換え お邪魔いたしました／ありがとうございます

受付の前を通る際は、受付の人へのあいさつも忘れずに。接客中の場合は、だまって頭を下げるだけでもかまいません。コートやマフラー、手袋などは、建物の外に出てから身につけるのが礼儀です。

予約の受付と案内

接客でもっとも大切なのは、“おもてなしの心”です。敬語を駆使して丁寧な言葉を述べても、心がともなわなければ、お客さまに安心と満足を与えることはできません。

▼ 予約の電話を受けるとき

✕ ご予約状況を確認いたしますので…

○ **予約状況を確認いたしますので、少々お待ちくださいませ**

＋ ご予約でございますね。ありがとうございます

日時や人数を聞いて、予約を確認するときの一言です。予約の状況は、店側についてのことなので、「ご予約状況」の「ご」は不要。相手を電話口で待たせるときは、「少々お待ちくださいませ」と述べます。

予約可能を伝えるとき

はい、お席のご用意ができます。
○名さまのご予約、確かにうけたまわりました

予約を断らなければいけないとき

申しわけございません。
○日の○時はあいにく満席となっております

大切なのは、断わらなければならないときの言い方です。ふだんの話し方よりも、声のトーンをいくぶん下げることで、期待にそえなかったおわびの気持ちが、より丁寧に伝わります。

▼ お客さまを迎えるとき

△ 予約はお済みですか？

○ ご予約をいただいておりますか？

＋… いらっしゃいませ

「予約はお済みですか？」は、店が客を選別している印象を与えるのでNG。人数を確認するときは、「何人ですか？」「お一人ですか？」ではなく、「何名さまでいらっしゃいますか？」「お連れさまはいらっしゃいますか？」とたずねます。

▼ 座席に案内するとき

△ お席をご案内させていただきます

○ ただいま、お席をご案内いたします

言い換え すぐにご案内いたしますので、こちらにおかけになってお待ちくださいませ

「ご案内する」は、「案内する」の謙譲表現。さらに「させていただく」を加えると、敬語表現がくどくなりすぎるので、「ご案内いたします」で十分です。着席をうながすときは、「どうぞ、こちらにおかけください」と述べます。

▼ 禁煙・喫煙をたずねるとき

× 禁煙席でよろしかったでしょうか？

○ 禁煙席でよろしいでしょうか？

言い換え おタバコはお吸いになられますか？

「よろしかったでしょうか？」と、過去形を使うのは不適切。「よろしいでしょうか？」が正しい敬語表現です。荷物を預かるときは、「よろしければ、お手回り品をお預かりいたしましょうか？」などと申し出ます。

接客の基本

従業員の言葉づかいが、お店の格を決定すると言っても過言ではありません。バイト敬語としておぼえてしまった、間違った敬語表現は、意識的になおしていきましょう。

▼ オーダーをとるとき

△ ご注文は、いかがいたしますか？

○ ご注文は、**いかがなさいますか？**

言い換え ご注文は、お決まりでしょうか？

「いたす」は「する」の謙譲語であり、「なさる」は尊敬語です。接客では、「いかがいたしますか？」と聞くよりも、お客さまを立てた尊敬語で「いかがなさいますか？」とたずねるほうが丁寧な印象を与えます。

お飲み物は、何を
お召し上がりになられますか？
お飲み物は、何を
お召し上がりになりますか？

「お召し上がりになられる」は過剰敬語です。「お召し上がりになる」で十分に敬意が伝わります。なお、「お召し上がりになる」も二重敬語ですが、この言い方は広く一般に定着しています。

▼ オーダーを確認するとき①

△ ご注文を繰り返します

○ **ご注文を確認させていただきます**

言い換え 復唱いたします

注文を繰り返すのは、オーダーに間違いがないかを確認するためです。注文の復唱は、お客さまの許可を受けて行うことになるので、「させていただく」という表現を用いましょう。

▼ オーダーを確認するとき②

× ご注文は、以上でよろしかったでしょうか？

○ **ご注文は、以上でよろしいでしょうか？**

＋ かしこまりました

無意味な過去形がふくまれており、敬語表現に間違いがあります。正しい日本語は、「よろしいでしょうか？」。空いた皿を下げるときは、「こちらをお下げしてもよろしいでしょうか？」と言います。

▼ 注文の品がそろっているかを確認するとき

× ご注文の品は、おそろいになりましたでしょうか？

○ **ご注文の品は、すべてそろいましたでしょうか？**

＋ お待たせいたしました

「ご注文の品」に対して「おそろいになる」と敬語を用いるのは、間違いです。「おそろいになる」は「そろう」の尊敬語の形なので、「ご注文の品」を立てたことになってしまいます。

▼ お客さまに呼ばれたとき

✕ すぐ行きますので、ちょっとお待ちください

○ ただいま、まいりますので、
少々お待ちください

関連 ただいま、お持ちいたします

「行く」の謙譲語である「まいる」を用います。また、「すぐ」は「ただいま」、「ちょっと」は「少々」と言い換えたほうが丁寧。お客さまを待たせたときは、「お待たせして、たいへん申しわけございません」と述べます。

▼ お客さまの質問に答えられないとき

✕ うかがってきますので、少々お待ちください

○ 聞いてまいりますので、少々お待ちください

言い換え お調べいたしますので、少々お待ちください

「うかがう」は「聞く」の謙譲語。「うかがってきます」を使った文例では、お客さまではなく、身内のスタッフを立てたことになってしまいます。この場合は、「聞いてまいります」を用いましょう。

▼ 試食や試着をすすめるとき

✕ ご試食（ご試着）してください

○ よろしければ、ご試食（ご試着）ください

言い換え ご試食（ご試着）なさってください

適切な敬語パターンは、「ご～くださる」です。「して」を削除して「ご試食（ご試着）ください」としましょう。「する」を「なさる」に言い換えた、「ご試食（ご試着）なさってください」という表現もあります。

▼ 品切れのとき

✕ あいにく品切れです

〇 **ただいま、～を切らしております**

＋ 申しわけございません

在庫がないときは、「切らしております」という表現を使います。ちなみに、在庫を確認するときは、「ただいま、確認してまいります」と述べます。

▼ お買い得品をすすめるとき

✕ たいへんお求めやすい価格となっております

〇 **たいへん お求めになりやすい価格となっております**

＋ どうぞ、お手にとってご覧ください

「お求めやすい」はNG。正しくは「お求めになりやすい」です。「ご覧になる」は「見る」の尊敬語。お客さまに「見てください」というときは、「ご覧ください」と言います。

会計

バイト敬語に違和感をおぼえる人は少なくありません。「○万円からお預かりします」「○円のおつりになります」の間違いに気づいて、正しい日本語をマスターしましょう。

▼ お金を預かるとき

✗ 1万円からお預かりします

◯ **1万円、お預かりいたします**

[言い換え] 1万円でのお支払いでよろしいでしょうか？

1万円札を受け取って、おつりを渡すケースです。「1万円からお預かりします」では、「1万円から何かを預かる」という意味になってしまうので、「から」は不要です。

合計金額を告げるとき

お会計のほうは、2,000円になります

2,000円、頂戴いたします

[言い換え]
2,000円、いただきます

頻繁に耳にするので、違和感をおぼえる人は少なくなっていますが、「○円になります」という言い方は間違いだという指摘も多くあります。バイト敬語を卒業して、正確な日本語を身につけましょう。「〜のほう」というあいまいな言い方も、お金のやりとりとしては適切ではありません。

▼おつりを渡すとき

✕ 8,000円のおつりになります

〇 8,000円のお返しでございます

言い換え 8,000円をお返しいたします

正しい敬語は「8,000円をお返しいたします」ですが、現在は「8,000円のお返しでございます」のほうが一般化しています。「8,000円のおつりになります」は、敬語の使い方として不適切な、いわゆるバイト敬語です。

▼カードでの支払いを断るとき

✕ 当店では、クレジットカードはご利用できません

〇 当店では、クレジットカードはご利用いただけません

言い換え 当店では、クレジットカードはご利用になれません

正しい敬語表現は、「ご利用いただけません」「ご利用になれません」です。また、相手の同意を引き出すには、最初に「申しわけございません」と謝罪の言葉を述べると効果的です。

▼テーブルでの会計をお願いするとき

✕ お会計は、テーブルのほうでお願いいたします

〇 お会計は、テーブルでお願いいたします

言い換え ただいま伝票をお持ちいたしますので、お席でお待ちください

「～のほう」は不要。「テーブルでお願いいたします」とはっきり告げます。また、お店側が会計のことを「おあいそ」と言う場合もありますが、相手によっては通じないこともあるので、「お会計」を使ったほうが無難です。

接待する

接待は、仕事を円滑に進めるために、取引先とコミュニケーションをはかる場です。懇親やお礼など、接待の目的を理解して、相手に喜んでもらえるようにつとめましょう。

▼ 飲み物の好みをたずねるとき

△ 何をお召し上がりになられますか？

○ **お飲み物は、**
何をお召し上がりになりますか？

言い換え　何をお飲みになりますか？

「召し上がる」は、「飲む」「食べる」の尊敬語です。「お召し上がりになる」「お飲みになる」に「られる」をつけた、「お召し上がりになられる」「お飲みになられる」は過剰敬語なので、使わないようにしましょう。

酒とビール、
どっちがいいですか？
お酒とビール、
どちらがよろしいですか？

取引先をもてなす接待では、より丁寧な言葉づかいが求められます。「どっちがいいですか？」は、ぞんざいな印象を与えるので、「どちらがよろしいですか？」と言い換えましょう。

▼ もてなす側のあいさつ

✕ 今日は来てくれてありがとうございます

〇 **本日はお忙しいところ、**
お越しいただきありがとうございます

言い換え ようこそ、おいでくださいました

たとえ新人であっても、接待に参加すれば、もてなす側の一員です。「ごゆっくりおくつろぎください」「たいしたおもてなしもできませんが…」などと述べて、丁寧な言葉づかいで相手を立てましょう。

▼ 料理をすすめるとき

✕ 遠慮なくいただいてください

〇 **冷めないうちに／温かいうちに、**
どうぞお召し上がりください

言い換え どうぞ召し上がりください

「いただく」は「食べる」の謙譲語なのでNGです。二重敬語は、一般的に適切ではないとされていますが、「お召し上がりになる」のように、広く一般に定着しているものもあります。

▼ 飲み物の追加をすすめるとき

✕ おビールはもうよろしいですか？

〇 **何かお飲み物をお持ちしましょうか？**

言い換え 他のお飲み物をおとりしましょうか？

外来語であるビールに「お」をつけて、「おビール」と言うのは間違いです。丁寧に言いたいときは、「お飲み物はいかがですか？」などと、日本語の表現に改めましょう。

▼ 自社の社長があいさつするとき

✕ それでは、社長からごあいさつをいただきます

〇 **それでは、**
社長の〇〇からごあいさつを申し上げます

言い換え 弊社の社長、〇〇がごあいさつを申し上げます

社外の人が多くいる場合、司会者はその人たちを立てて「社長からごあいさつを申し上げます」と発言します。「社長からごあいさつをいただきます」は、社員だけの忘年会などで、社長を立てる敬語表現です。

▼ 料理をふるまったあとの一言

✕ おいしかったでしょうか？

〇 **お料理は、お口に合いましたでしょうか？**

関連 おくつろぎいただけましたでしょうか？

「お口に合いましたでしょうか？」は、自分の判断や評価を押しつけない、客人への配慮です。また、「料理」に「お」をつけた表現は、美化語といい、礼儀正しさや上品さを伝える敬語の一種です。

▼ 手みやげを渡すとき

△ つまらないものですが、お受け取りください

〇 **お荷物になりますが、**
どうぞお持ちくださいませ

言い換え 心ばかりのものですが…

実際に自分がつまらないものだと思っていなくても、本音と建前を使い分けて、「つまらないもの」と述べるのは、謙遜の美徳。しかし、最近はそのように言われて、いぶかる人も多いので使い方に気をつけましょう。

▼ タクシーを手配するとき

✕ タクシーをお呼びになりますか？

〇 タクシーを**お呼びいたしましょうか？**

言い換え タクシーを**お呼びしましょうか？**

「お呼びになる」は「呼ぶ」の尊敬語。タクシーを呼ぶのは、自分側の行為なので、尊敬語を用いるのは不適切です。「お呼びいたす」「お呼びする」などの謙譲表現を用いましょう。

▼ タクシーの到着を告げるとき

✕ お車が到着なさいました

〇 車が**到着いたしました**

＋ お忘れ物はございませんでしょうか？

「〜が到着なさいました」は、人物を立てるときの敬語表現。「お車が到着なさいました」では、車を立てたことになってしまいます。見送りの際は、「本日はありがとうございました。お気をつけてお帰りくださいませ」などと述べます。

接待を受ける

大切なのは、会社を代表して参加しているという意識をもつこと。お酒の席でも、改まった言葉づかいと、節度あるふるまいを保ち、はめを外さないようにしましょう。

▼ 飲み物を聞かれたとき

△ ビールでけっこうです

○ ビールをいただけますでしょうか？

＋ 恐れ入ります

「お飲み物は何がよろしいですか？」とたずねられたときは、「ビールでいいです」ではなく、「ビールがいいです」と述べて、自分が飲みたいものをはっきりと伝えたほうが好感をもたれます。

お酌やおかわりを断るとき

もう十分に
いただきました。
ありがとうございます

「もうけっこうです」という断り方は、相手の好意をはねつけているような印象を与えかねません。「ありがとうございます」と、感謝の言葉をそえることも忘れずに。

▼ もてなされる側のあいさつ

△ ご招待、ありがとうございます

○ 本日は**お招きにあずかり**まして、まことにありがとうございます

言い換え お招きいただきまして、ありがとうございます

招待のお礼を述べるときは、言葉を省略せずに、折り目正しくあいさつしましょう。「お招きにあずかる」は、「招待を受ける」ことの謙譲表現です。

▼ 食事のお礼を述べるとき

△ どうも、ごちそうさまです

○ 本日は**ごちそうになりまして、ありがとうございました**

言い換え ご丁寧なおもてなし、ありがとうございます

「ごちそうになりまして、ありがとうございました」と述べることで、お礼の気持ちがさらに丁寧に伝わります。翌日以降のメール、手紙、電話などでのお礼も忘れないようにしましょう。

▼ 帰り際のあいさつ

✕ お疲れさまでした

○ お陰さまで、**楽しい時間を過ごさせていただきました**

＋ 今後ともよろしくお願いいたします

このような場合の「お疲れさま」は、目上の人が目下の人の労をねぎらう言葉なので、適切ではありません。別れ際には、有意義な時間を過ごせたことに感謝し、引き続き変わらないおつきあいを望む言葉を述べましょう。

COLUMN

尊敬語と謙譲語の使い分け

頭ではわかっていても、とっさの場面で迷うこともある、尊敬語と謙譲語の使い分け。いくつかの場面を想定して、使うべき言葉と、立てるべき人物を整理してみましょう。

1対1で
相手の行為を話題にする

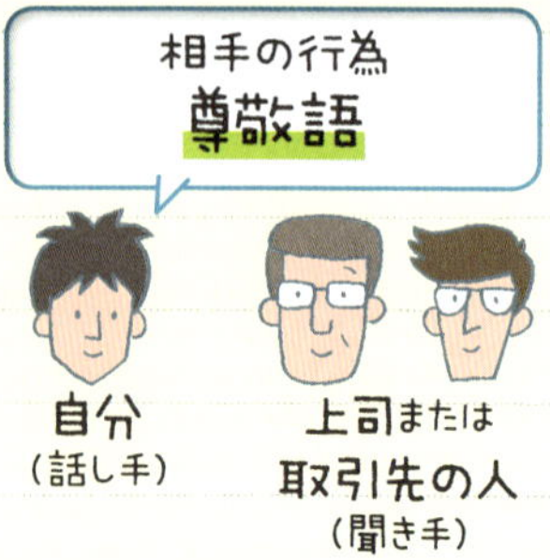
相手の行為
尊敬語
自分
（話し手）
上司または
取引先の人
（聞き手）

1対1で
自分の行為を話題にする

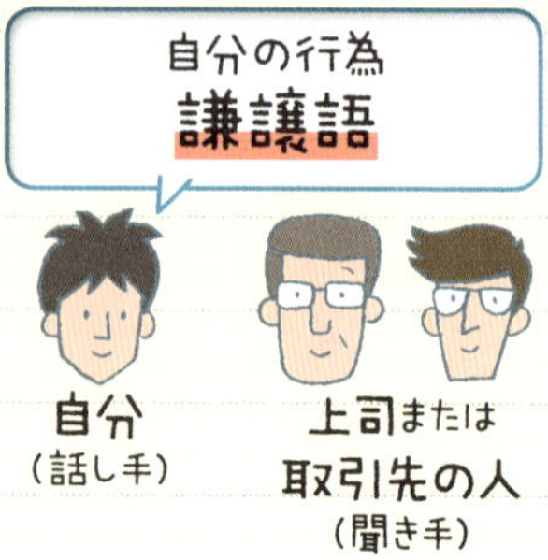
自分の行為
謙譲語
自分
（話し手）
上司または
取引先の人
（聞き手）

社外の人の前で、
社内の人の行為を話題にする

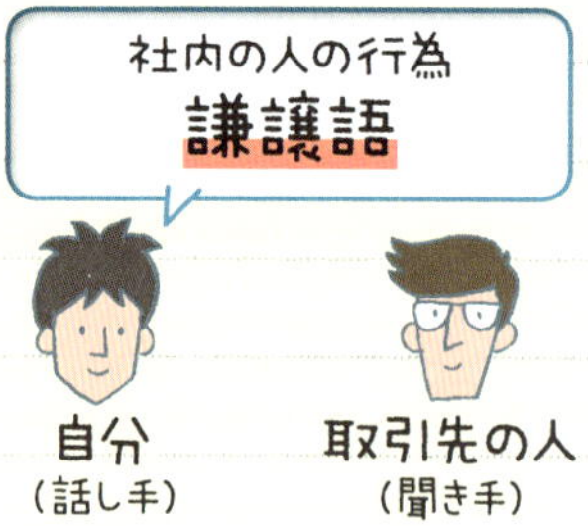
社内の人の行為
謙譲語
自分
（話し手）
取引先の人
（聞き手）

上司の前で、先輩・同僚の行為
を話題にする

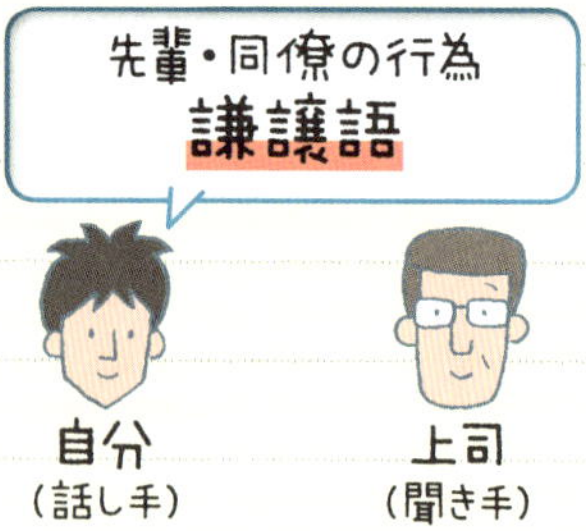
先輩・同僚の行為
謙譲語
自分
（話し手）
上司
（聞き手）

先輩・同僚の前で、
上司の行為を話題にする

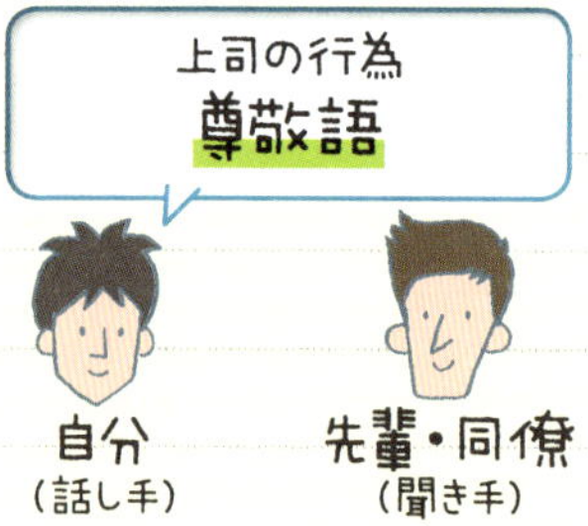
上司の行為
尊敬語
自分
（話し手）
先輩・同僚
（聞き手）

社員の家族の前で、その社員の
行為を話題にする

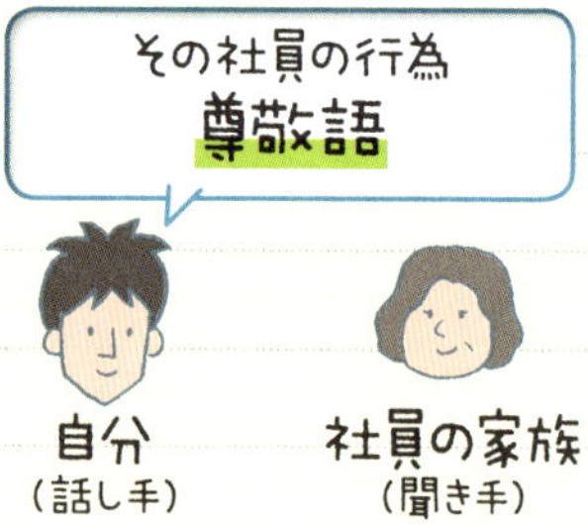
その社員の行為
尊敬語
自分
（話し手）
社員の家族
（聞き手）

PART 3

シーン別会話文例

電話応対

第一声

電話は、相手の表情が見えないため、声の印象や言葉づかいがいっそう重要になります。相手が目の前にいるようなつもりで、明るく朗らかな調子を心がけましょう。

▼ 担当者につないでもらうとき

✕ ○○部長さんは、おられますでしょうか?

○ ○○部長は、いらっしゃいますでしょうか?

言い換え ご在席でしょうか?

「おる」は「いる」の謙譲語なので、この場合は「いらっしゃる」という尊敬語を用いて「いらっしゃいますでしょうか?」とたずねます。「いらっしゃられますか?」はNGです。

声を聞けばわかる、親しい間柄であっても、ビジネスの電話では、丁寧な言葉づかいが求められます。「いますか?」という軽々しい言い方は控え、「いらっしゃいますでしょうか?」と述べましょう。

▼ 得意先に電話をかけるとき

✕ もしもし、○○社の○○ですけど…

○ ○○社の○○と申します。いつもお世話になっております

＋ ただいま、お時間を頂戴してもよろしいでしょうか？

電話は、かけた側が先に名乗るのがマナーです。ビジネスの電話では、「もしもし」は不要。得意先に対しては、「いつもお世話になっています」など、あいさつの言葉を述べます。

▼ 初めて電話をかけるとき

△ はじめまして…

○ 突然のお電話で、たいへん恐縮です

＋ わたくし、○○社の○○と申します

「突然のお電話」は、初めて相手に電話をするときの決まり文句です。「たいへん恐縮です」とおわびの気持ちを示してから、社名と名前を告げましょう。「お電話」は、相手を立てる名詞の謙譲語です。

▼ 一般の家庭に電話をかけるとき

✕ ○○さんのご自宅でよろしかったでしょうか？

○ わたくし、○○と申しますが、○○様のお宅でしょうか？

＋ 恐れ入りますが、○○様はご在宅でしょうか？

電話はかけたほうが先に名乗るのがマナーです。「○○さんのご自宅ですか？」といきなり聞くのは、感じの良いものではありません。また、「よろしかったでしょうか？」という過去形を使った確認のしかたも不適切です。

応対の基本

電話で話をするときに欠かせないのは、相手の状況への配慮です。親しい相手には、あいさつがおざなりになりがちですが、日ごろの感謝も欠かさずに述べましょう。

▼ 用件を述べる前に

✕ いま、お時間、いいですか？

○ お話をさせていただいても、よろしいでしょうか？

言い換え 少々お時間をいただいても、よろしいでしょうか？

本題を切り出す前に、相手の状況を配慮する一言を述べましょう。相手が忙しそうにしているときは、「お忙しいところ、申しわけございませんが…」などと前置きして話し始めます。「させていただく」という表現は、相手の許可を受けて行う際に用いられます。

FAXの到着を確認したいとき

先ほどFAXを3枚
お送りいたしましたが、
お手元に届いて
おりますでしょうか？

重要なFAXを送ったあとは、無事に届いているかを電話で相手に確認するのが鉄則。FAXを送る前にも「これからFAXをお送りいたします」と連絡しておくといいでしょう。

▼ 担当者へのあいさつ

✕ どうも、○○です

○ ○○社の○○でございます。**いつもお世話になっております**

言い換え ○○社の○○です。先日はありがとうございました

担当者が電話に出たときのあいさつです。取り次いでもらった場合でも、改めて社名と名前を述べ、簡単なあいさつを述べましょう。親しい間柄であっても、「どうも」だけで済ませるのは失礼です。

▼ 携帯電話にかけたとき

✕ いま、大丈夫ですか？

○ ただいま、**お話ししてもよろしいでしょうか？**

言い換え 外出先にまでお電話をして申しわけございません

携帯電話にかけるときは、用件を述べる前に、相手が電話で話せる状況であることを確認しましょう。「大丈夫」は、相手に問題がある場合に使われる言葉。したがって、「大丈夫ですか？」では、配慮の気持ちが伝わりません。

▼ 電話を切るとき

△ よろしくどうぞ

○ では、よろしくお願いいたします。**失礼いたします**

言い換え ごめんくださいませ

「失礼いたします」と述べ、相手が受話器を戻す音を確認してから、電話を切りましょう。

担当者が不在

不在時の対応には、①戻り時間を確認して改めてかけ直す、②電話があったことだけを伝えてもらう、③折り返しの電話をお願いする、④他の人に用件を伝えるなどがあります。

▼改めて電話をすると約束するとき

✕ あとでまた、電話をします

○ **では、○時すぎに改めて**
お電話をさせていただきます

言い換え お戻りになるころ、こちらからおかけ直しいたします

相手側の許可を受けて行うため、「させていただく」という表現を用いています。電話をかける時間帯を伝えておけば、相手を待たせることが少なくなります。なお、「お電話」は、相手を立てるための名詞の謙譲語です。

戻り時間を確認するとき

「戻ってくるのは、何時ですか？」という聞き方は、ぞんざいです。「何時ごろのご予定でしょうか？」と丁寧にたずねましょう。後日電話をかけ直す場合は、「明日（みょうにち）は、会社にいらっしゃいますか？」と確認します。

▼ 電話があったことを伝えてもらいたいとき

✕ ○○から電話がありましたと、申し伝えてください

○ **○○から電話があったことだけ、お伝えいただけますでしょうか？**

＋… お忙しいところ恐れ入りますが…

「申し伝える」という謙譲語を用いるのはNG。「お伝えいただけますでしょうか？」と、尊敬語＋依頼の形をとりましょう。「お忙しいところ恐れ入りますが…」と前置きすると、丁寧な印象を与えることができます。

▼ 折り返しの電話をもらいたいとき

✕ お戻りになられましたら、
折り返しお電話を頂戴できますでしょうか？

○ **お戻りになりましたら、電話をくださるようにお伝えいただけますでしょうか？**

…＋ 本日、わたくしは○時まで社におります

「お戻りになられましたら」は二重敬語です。「お戻りになりましたら」とシンプルに言い換えましょう。「頂戴する」は「（モノを）もらう」の謙譲語なので、「電話を頂戴する」は日本語として適切ではありません。

▼ すぐに連絡をとりたいとき

✕ すぐに電話がほしいと伝えておいてください

○ **お電話をくださるよう、お伝えいただけますか？**

＋… 至急お知らせしたいことがございますので…

「至急お知らせしたいことがある」と伝えて、折り返しの電話を依頼します。緊急性が高い場合は、「〜の件について、他におわかりになる方はいらっしゃいますでしょうか？」とたずねて、他の方に対応してもらうという方法もあります。

▼ 自分の電話番号を伝えるとき

△ わたくしの番号は、000-0000-0000になります

○ **念のため、こちらの電話番号を申し上げます**

＋ （一呼吸置いて）よろしいでしょうか？

電話番号を伝えておくことで、折り返しの電話がより確実になります。「よろしいでしょうか？」とたずねるのは、メモの用意をさせるための配慮。電話番号は、相手が聞き取りやすいスピードで正確に伝えましょう。

▼ 用件をメールで伝えるとき

✕ すぐにメールを送るので、見てほしいと伝えておいてください

○ **用件をメールで送らせていただきますので、よろしくお伝えください**

関連 先ほど、〇〇様にあててFAXをお送りいたしましたので、ご確認ください

メールの確認など、担当者と直接話す必要がない場合は、伝言だけで済ませてもかまいません。「お手数ですが…」「恐れ入りますが…」などのクッション言葉を使えば、相手にお願いをする気持ちが丁寧に伝わります。

▼ 留守番電話にメッセージを入れるとき

✕ あとでまた電話します

○ **〇〇社の〇〇と申します。～の件でお電話いたしました**

＋ 改めてお電話をさせていただきます

着信履歴に名前が残っていたとしても、名乗らないのは失礼です。相手からの連絡がほしいときは、その旨を簡潔に述べましょう。「お電話」は、相手を立てるための、名詞の謙譲語です。

▼ 伝言を頼みたいとき

✕ ○○様に必ずお伝えしてください

○ **恐れ入りますが、
○○様にお伝えいただけますでしょうか?**

言い換え お言づてをお願いしてもよろしいでしょうか?

「お伝えしてください」は間違い。「して」をとって「お伝えください」とするか、「お伝えいただけますでしょうか?」と依頼の形をとるのが適切です。「言づて」とは「伝言」のことです。

▼ 伝言を頼んだ相手の名前を確認するとき

✕ あなた様のお名前を教えてください

○ **失礼ですが、
お名前をお聞かせいただけますか?**

言い換え お名前をおうかがいしてもよろしいでしょうか?

「教えてください」と頼むよりも、「お聞かせいただけますか?」と許可を得るような聞き方をするほうが丁寧な印象を与えます。「お名前」につけた「お」は、相手を立てた尊敬語です。

こんなときどうする?

電話をかけるときに大切なのは、"相手の状況を思いやる" ということ。相手が忙しそうなときや、就業時間外にかけるときなどは、恐縮する気持ちを丁寧に伝えましょう。

▼ 電話をかけ直すとき

✕ 先ほどの件ですが、○○さんをお願いします

〇 **先ほどお電話した○○ですが…**

＋ ○○様は、お戻りになりましたでしょうか?

「先ほどの件」では、電話をかけ直していることが正確に相手に伝わりません。「先ほどお電話した○○です」と丁寧に名乗りましょう。「お電話」は、相手を立てる名詞の謙譲語です。

時間を置かずに電話をかけ直すとき

「たびたび恐れ入ります」「たびたび失礼いたします」は、時間を置かずに、続けて電話をしたときの決まり文句です。同じ相手が電話に出たときは、このような言葉を先に述べましょう。

▼ 相手が忙しそうにしているとき

△ とりいそぎお伝えいたします

〇 **改めさせていただきますので、ご都合のよろしい時間を教えていただけますか？**

言い換え ご都合のよろしいときに、ご連絡をいただけますでしょうか？

相手が忙しそうにしているときは、時間を置いて、かけ直す配慮が必要です。急ぎの用件の場合は、その旨を簡潔に伝えて、相手に折り返しの電話をお願いしても、失礼にはあたりません。

▼ 折り返しの電話をかけるとき

✕ さっき電話をもらったみたいなんですが…

〇 **先ほど、お電話をいただいたとのことですが…**

＋ 〇〇様は、いらっしゃいますでしょうか？

「みたい」と、発言をぼかして相手の反応を見るのは、好ましくありません。電話をかけた相手がわからないときは、「先ほどお電話をくださった方は、いらっしゃいませんでしょうか？」とたずねましょう。

▼ 電話に出られなかったことをわびるとき

✕ 電話に出れなくてすみません

〇 **先ほどは、電話に出られず、申しわけございませんでした**

言い換え 先ほどは、席を外しており、申しわけございませんでした

無意識に使ってしまいがちですが、「ら抜き言葉」は、文法上の誤りとされています。「出れる」「見れる」「食べれる」は、「出られる」「見られる」「食べられる」と正確に言いましょう。

▼ 担当者の名前がわからないとき

✕ ～についてわかる人にかわってもらえますか？

○ ご担当の部署に取り次いでいただけますでしょうか？

言い換え お答えいただける方に、**かわっていただけませんでしょうか？**

担当者の名前が不明のときは、用件を簡単に伝えて電話を取り次いでもらいます。担当者が話し中で、電話を切らずに待たせてもらいたいときは、「待たせていただいてもよろしいでしょうか？」と述べましょう。

▼ 紹介されて電話をかけるとき

✕ ○○さんから紹介してもらった、○○と言います

○ ○○様のご紹介をいただきました、○○社の○○○○と申します

言い換え ○○様のご紹介をいただきまして、初めてご連絡を差し上げます

紹介してくれた人と、電話の相手を立てながら、丁寧な言葉づかいで自己紹介を始めましょう。ビジネスの改まった場では、他社の人の名前に「様」をつけることを忘れずに。

▼ 就業時間外に電話をかけるとき

✕ こんな時間におかけしてすみません

○ 夜分遅くに申しわけございません

関連 **朝早く**に失礼いたします

緊急の用事で、やむを得ず、就業時間外に電話をするときの言い方です。相手が休みの日にかけるときは、「お休みの日にお電話をしてしまい、申しわけございません」などと述べましょう。

▼ 間違い電話をかけてしまったとき

✕ 間違えました。すみません…

◯ **番号を間違えたようです。**
たいへん失礼いたしました

言い換え 失礼ですが、そちらは○○社様ではございませんか?

かけ間違いに気づいたら、すみやかにおわびの言葉を述べます。無言で切るのは厳禁。「間違えました」だけで済ませるのも相手に失礼です。相手が名乗らなかっときは、「失礼ですが〜」と丁重に名前を確認しましょう。

▼ 取引先を訪問中の自社の人間への伝言を頼むとき

✕ 御社にいらっしゃいます○○さんに、
お伝えいただけますでしょうか?

◯ **御社におうかがいしております○○に、**
お伝えいただけますでしょうか?

+… まことに恐れ入りますが…

「いらっしゃる」は尊敬語なので、「御社にいらっしゃいます○○」では、自社の人間を立てたことになってしまいます。また、他社の人との会話の中では、自社の人間を呼び捨てにするのが基本です。

応対の基本

入社直後は、電話対応がおもな業務となります。会社を代表して電話を受けている意識をもち、会社のイメージを損なわないように、丁寧な言葉づかいを心がけましょう。

▼ 電話に出たとき

✕ もしもし

○ はい、こちら○○社でございます

＋ いつもお世話になっております

電話応対は、社内や部課内の慣習にしたがいますが、最初に社名を名乗るのが基本です。午前中の早い時間にかかってきた電話では、最初に「おはようございます」と述べる場合もあります。会社の電話では、「もしもし」は不要。「いつもお世話になっております」などのあいさつを欠かしてはなりません。

すぐに出られなかったとき

呼び出し音が3回鳴るまでに電話に出ましょう。対応が遅れてしまった場合は、会社名を名乗る前に、「お待たせいたしました」と、おわびの言葉を述べます。

▼ 相手に名前をたずねるとき

✕ どなたですか？

○ 失礼ですが、
お名前をお聞かせいただけますか？

言い換え お名前をおうかがいしてもよろしいでしょうか？

電話の相手が名乗らない場合は、「失礼ですが」と前置きしてから、「お名前をお聞かせいただけますか？」と丁寧にたずねましょう。「どなたですか？」は、「あなたは誰？」と聞いているのと同じで、失礼です。

▼ 社名をたずねるとき

✕ どちらの会社の方ですか？

○ 失礼ですが、
どちらの○○様でいらっしゃいますか？

＋ （相手が社名を名乗ったら）いつもお世話になっております

担当者に取り次ぐ際には、会社名と名前を伝える必要があります。「どちらの○○様でございますか？」と丁寧語でたずねても問題はありませんが、「どちらの○○様でいらっしゃいますか？」と尊敬語を使ったほうが、良い印象を与えます。

▼ 相手の名前を聞き取れなかったとき

✕ よく聞き取れなかったので、もう一度名前を言ってください

○ もう一度**お名前をうかがえますでしょうか？**

＋ 申しわけございません

「聞き取れなかった」と告げるだけでは、相手の話し方が悪かったような印象を与えてしまいます。「申しわけございません」というクッション言葉を使って、丁重に聞き直しましょう。

▼ 担当者にかわるとき

✕ わたくしにはよくわからないので、くわしい人にかわります

○ 担当の者にかわりますので、少々お待ちくださいませ

言い換え ○○部におつなぎいたしますので、少々お待ちください

担当外の用件を、相手が話し始めたときの対応です。担当外であっても、「わかりません」「知りません」は禁句。「わたくしではわかりかねますので、担当の者にかわります」などと述べます。

▼ 担当者の名前を確認したいとき

✕ どなたにご用でしょうか？

○ どの者をお呼びいたしましょうか？

言い換え 担当の者の名前はおわかりでしょうか？

社内の人間は、身内とみなして「どの者」と表現しましょう。社内に同姓の人が複数いるときは、「○○と申す者は社内に2人おりますが、フルネームをご存じでしょうか？」などとたずねます。

▼ 指名された担当者につなぐとき

✕ ○○さんですね？　しばらくお待ちください

○ ○○にかわりますので、少々お待ちください

言い換え かしこまりました。○○におつなぎいたします

相手を待たせずに、すぐに取り次ぎができる場合は、「しばらく」ではなく、「少々」と言い換えましょう。社内の人間は身内とみなし、呼び捨てにすることも忘れずに。

▼ 自分あての電話に出たとき

✕ ○○はわたしですが…

○ はい。わたくし、○○でございます

＋ いつもお世話になっております

電話応対では、自分のことを「わたくし」と呼ぶように心がけましょう。文末に丁寧語の「〜でございます」をつけることで、さらに丁寧さの度合いが高くなります。

▼ 電話を切るとき

△ よろしくどうぞ…

○ 失礼いたします／ごめんくださいませ

＋ お電話ありがとうございました

語尾を濁して電話を切るのは、あまり好ましくありません。取引先やお客さまへの対応では、最後まで気をゆるめず、「失礼いたします」「ごめんください（ませ）」と、礼を尽くして受話器を置きましょう。

電話は顔が見えないぶん
いつも以上に気を使いましょう

担当者が不在、電話に出られない

担当者が昼食や会議で席を外していたり、他の電話に出ているときの対応です。いずれの場合も、こちらの事情を押しつけるのではなく、相手の希望を優先しましょう。

▼ 担当者が離席しているとき

✕ ○○はいません

○ ○○はただいま、**席を外しております**

＋ いかがいたしましょうか？

担当者が席を離れているときは、「いません」という否定的な表現は避け、「席を外している」という表現を用います。トイレや喫煙所に行っているとわかっているときも、その理由は相手に告げません。「いかがいたしましょうか？」は、相手に自分がどうすればよいかを相談するときに用います。

担当者が席に戻る時間を告げるとき

社外からの電話を受けるときは、社内の人は身内と考えるのが基本です。「10分程度でお戻りになります」などと言わないように注意しましょう。

▼ タイミングよく席に戻ってきたとき

✕ ちょうど戻ってこられましたので、お電話をかわります

〇 **ただいま、戻ってまいりましたので、お電話をかわります**

＋ 少々お待ちくださいませ

席を外していた担当者が、タイミングよく席に戻ってきたときの言い方です。社外の人に対しては、たとえ上司であっても、自社の人間は身内とみなすのが原則。尊敬語ではなく、謙譲語を使います。

▼ 担当者が別の電話に出ているとき

✕ いま、別の方とお話し中です

〇 **あいにく〇〇は他の電話に出ております**

＋ いかがいたしましょうか？

電話中であることを伝えると同時に、「いかがいたしましょうか？」と述べて、その後の対応を確かめておきます。対応中に、電話が済んだ場合は、「ただいま、電話が済んだようです。少々お待ちください」と告げます。

▼ 担当者が外出中のとき

✕ 〇〇課長は、お出かけになっております

〇 **あいにく、〇〇は外出しております**

＋ 申しわけございません

社内の人間の行動について、「お出かけになって」と尊敬語を使うのは不適切です。役職も敬称の意味をもつので、呼び捨てにしましょう。

▼ 担当者が会議中のとき

✕ ○○のほうは、ただいま、会議中です

○ ○○はただいま、会議中で、○時には席に戻る予定でございます

＋ いかがいたしましょうか？

「会議中です」「打ち合わせ中です」「来客中です」などと対応し、席に戻る時間を告げます（不在の理由を述べずに「席を外しております」と伝える場合もあります）。「～のほう」という、ぼかした言い方は好ましくありません。

▼ 担当者が出張中のとき

✕ ○○は、バンコクに出張中です

○ ○○は、あいにく出張中でございます

＋ 来週の月曜日には出社いたしますが、いかがいたしましょうか？

「あいにく」は、相手の意にそえないときに、恐縮して使う言葉。相手には、次の出社日を伝えます。特別な事情がないかぎり、出張先を教える必要はありません。

▼ 担当者が休みのとき

✕ ○○は本日、お休みを頂戴しております

○ ○○は本日、休みをとっております

＋ ○日には出社の予定ですが、いかがいたしましょうか？

「お休みを頂戴する」「お休みをいただく」という表現は、謙譲語の使い方として誤りだという指摘もあります。敬語表現としては、「休みをとっております」「休んでおります」で十分です。

▼担当者が帰宅してしまったとき

✕ ○○さんは、もう帰られました

○ あいにく○○は、**帰宅いたしました**

＋ 明日（みょうにち）は、○時に出社いたしますが、いかがいたしましょうか？

社内の人は身内と考えるのが基本。「帰られました」と尊敬語を用いると、電話の相手ではなく、社内の人間を立てたことになってしまいます。なお、「本日は、退社いたしました」という言い方もあります。

▼担当者が病欠のとき

✕ ○○は体調をくずし、休みをいただいております

○ 申しわけございません。
○○は本日、**休みをとっております**

＋ よろしければ、代理の者がうけたまわりますが…

社外の人には、病欠などの理由を述べる必要がありません。たんに「休みをとっている」とだけ説明し、代理の者が用件を聞くと申し出ましょう。クッション言葉を使うことで、丁寧さが増します。

折り返しの電話を約束する

折り返しの電話は、担当者が不在のときにいちばん多い対応です。連絡ミスがないように、会社名や部署名、相手の名前、電話番号を正確に聞いておきましょう。

▼ 相手に電話番号をたずねるとき

✕ 電話番号を頂戴できますか？

〇 **念のため、〇〇様のお電話番号を教えていただけますでしょうか？**

言い換え 〇〇は、〇〇様の電話番号を存じておりますでしょうか？

電話番号はもらうものではないため、「頂戴する」と表現するのは間違いです。「電話番号を教えてください」と頼むよりも、「教えていただけますでしょうか？」と聞くほうが、丁寧な印象を与えます。

電話番号、日付、時間など、数字にかかわる内容は、復唱で確認するのが鉄則。「1（いち）」「7（しち）」「8（はち）」は聞き間違いをしやすいので、とくに注意しましょう。

▼ 相手が急いで連絡をとりたそうにしているとき

✕ 急ぎの用件でしたら、○○の携帯におかけいただけますか？

○ **本人に伝え、折り返し連絡を差し上げます**

言い換え 至急こちらから連絡をとり、折り返し、連絡をさせます

急ぎの用件の場合は、こちらから担当者に連絡をして、対応を相談するのが基本です。特別な事情がないかぎり、個人の携帯電話の番号は、社外の人に伝えてはなりません。

▼ 折り返しの電話が必要かをたずねるとき

✕ お戻りになりましたら、
お電話をおかけするようにお伝えしましょうか？

○ **戻りましたら、お電話をさせましょうか？**

言い換え よろしければ、こちらからお電話をさせていただきますが…

取引先への対応は、こちらから折り返しの電話を申し出るのが原則です。「お戻りになる」「お電話をおかけする」「お伝えする」では、不在の担当者を立てた敬語表現になってしまうのでNGです。

▼ 相手を電話口で待たせてしまったとき

✕ まだ、しばらくかかりそうなので、かけ直していただけますか？

○ **まだ長引きそうですので、終わりましたら
こちらからお電話いたします**

＋… たいへんお待たせして、申しわけございません

担当者が話し中で、相手を電話口で長く待たせてしまったときの対応です。電話の保留は、1分以内にとどめるのが基本。それ以上、待たせてしまったら、こちらから折り返しの電話をすることを提案しましょう。

担当者にかわって用件を聞く

担当者にかわって用件を聞くときは、「よろしければ…」と、相手におうかがいを立てる言葉が必要です。相手を強制するような言い方はつつしみましょう。

▼ 不在の担当者にかわって用件を聞くとき①

✕ わたしがかわりに用件を聞きましょうか？

〇 **わたくしがご用件をうけたまわりますが、いかがいたしましょうか？**

言い換え **よろしければ、**ご用件をおうかがいいたしましょうか？

「うけたまわる」「うかがう」は、「聞く」の謙譲語です。「いかがいたしましょうか？」「よろしければ…」と質問やお願いの形をとることで、物腰がやわらかくなり、用件を聞き出しやすくなります。

	謙譲語	
聞く	うけたまわる	ご用件をうけたまわります
	うかがう	ご用件をうかがいます

「お聞きする」「拝聴する」という謙譲語もありますが、「用件を聞く」というケースでは、「うけたまわる」「うかがう」が一般的に用いられています。

▼ 不在の担当者にかわって用件を聞くとき②

✕ ○○さんから用件を聞いておくようにと言われておりますので…

○ **担当の○○から、用件をおうかがいしておくように、ことづかっております**

＋… わたくし、○○と同じ部署の○○と申します

「うかがう」は「聞く」の謙譲語。これに「お」をつけるのは二重敬語になりますが、「おうかがいする」という言い方は、習慣として定着しているので、間違いではありません。

▼ 伝言を預かったとき

✕ 了解しました。○○に伝えておきます

○ **わたくし、○○がうけたまわりました**

…＋ お電話ありがとうございます

「了解」には、許可を与えるという意味合いがあるのでNG。自分の名前とともに「うけたまわりました」と述べましょう。「〜ということでよろしいですね」などと、用件を復唱することも大切です。

▼ 担当が別の者にかわっているとき

✕ ○○は、本社に異動になりました

○ **○○から担当を引き継いだ、○○という者におつなぎいたします**

＋… 申しわけございません

担当者が別の者にかわった場合は、「新しい担当の者におつなぎいたします」などと対応します。特別な事情がないかぎり、退職や異動などの事実は伝える必要がありません。

こんなときどうする？

さまざまな用件でかかってくる会社の電話。どんなケースでも大切なのは、会社を代表しているという自覚をもって、丁寧な言葉づかいで相手を立てることです。

▼ 社員の家族からかかってきたとき

✗ 〇〇ですね。社内におりますので、すぐに呼び出します

〇 **社内にいらっしゃいますので、少々お待ちください**

➕💬 〇〇さんには、いつもお世話になっております

社外の人と話すときは、社員を身内とみなして敬語を使いますが、相手が社員の家族である場合は、例外的に尊敬語や敬称を用います。大事な家族を呼び捨てにして、相手に悪い印象を与えないようにしましょう。「〇〇さんにはいつもお世話になっております」というあいさつも忘れずに。

―――社員が不在のとき―――

〇〇さんは、ただいま席を外していらっしゃいます

〇〇課長は外出なさっており、〇時に戻られる予定です

社員の家族と話すときは、その社員を呼び捨てにせず、（その社員の行動について）尊敬語を使って話すようにしましょう。

▼ 相手の声が聞き取れないとき

✕ もう少し大きな声でお話ください

○ **お電話が少々遠い**ようなので、もう一度おっしゃっていただけませんでしょうか？

＋ 申しわけございません

「電話が遠い」は、声が小さい、周囲の雑音が聞こえるなどの理由で、相手の声が聞き取れないときの常套句です。「～してください」よりも、「～していただけませんでしょうか？」とお願いするほうが、丁寧な印象を与えます

▼ 移動中、携帯電話にかかってきたとき

✕ いま、電車の中なので、あとでかけ直します

○ ただいま、移動中ですので、**○分ほどしましたらこちらからご連絡いたします**

＋ 申しわけございません

移動中は、携帯電話を留守番電話にするのがマナーですが、大事な用件で電話に出なければならない場合は、簡潔な言葉でかけ直しを申し出ます。かけ直す時間を告げることで、電話を待つ相手の負担が少なくなります。

▼ どうしても手が離せないとき

✕ いま、手が離せないので、あとでかけ直します

○ のちほどお電話を**させていただいても**、よろしいでしょうか？

＋ 申しわけございません

どんなに忙しくても、「手が離せない」という言い方は、心証を悪くします。「させていただく」という表現を用いて、相手に許可を求めましょう。「あとで」は「のちほど」と言い換えます。

▼ 途中で通話が切れてしまったとき

✕ 電波の状態が悪いみたいですね

○ たいへん失礼いたしました

＋ もう一度、〇〇におつなぎいたします

話の途中で電話が切れてしまったら、かけた側からかけ直すのがマナー。切れた原因が相手にあっても、おわびの言葉を最初に述べます。

▼ かかってきた電話で、別の用件を伝えたいとき

✕ そういえば、～の件はその後どうなりましたか？

○ いただいた電話で恐縮ですが…

＋ ～の件は、その後どうなりましたでしょうか？

相手がかけてきた電話は、「いただいた電話」と表現します。ただし、用件が長くなりそうなときは、一度電話を切ってから、かけ直すのが社会人としての礼儀です。

▼ 相手が部署を間違えてかけてきたとき

✕ そちらの用件でしたら、〇〇部にかけ直してください

**○ お手数ですが、
おかけ直しいただけませんでしょうか？**

＋ ご用件の部署は〇〇部でございますので…

「かけ直してください」という、命令口調は不適切です。「申しわけございません」と前置きをして、「おかけ直しいただけませんでしょうか？」と丁重にお願いをしましょう。

▼ 間違い電話がかかってきたとき

✕ 番号を間違えていますよ

〇 **番号をお間違えのようです**

＋ 失礼ですが、何番におかけでしょうか?

「あなた、間違えていますよ」と指摘するのではなく、「こちらは○○商事ですが、どちらにおかけでしょうか?」などと述べて、相手がかけた番号を確認しましょう。

▼ セールス電話を断るとき

✕ けっこうです

〇 **当社ではそのようなお電話はお断りしておりますので、失礼いたします**

＋ 申しわけございませんが…

セールスの電話であっても、「けっこうです」と無下に断るのではなく、丁寧な言葉づかいで対応しましょう。ただし、しつこい勧誘には、「仕事中ですので、失礼いたします」ときっぱり断るのも一策です。

電話でのおわびとクレーム対応

クレーム対応の基本は、相手の話に耳を傾けることです。慇懃無礼な態度が、相手の怒りに油をそそぐこともあるので、言葉づかいには細心の注意を払いましょう。

▼ 店長への報告をお客さまに約束するとき

✕ お客さまがおっしゃられたことは、店長にお伝えします

○ **お客さまがおっしゃったことは、店長に申し伝えます**

＋ 貴重なご意見をたまわり、ありがとうございました

「お伝えする」も「申し伝える」も謙譲語ですが、「お伝えする」を用いると店長を立てたことになってしまいます。一方、「申し伝える」はお客さまを立てる謙譲語なので、敬語の使い方として適切です。

「おっしゃられる」は、「言う」の尊敬語にした上で、さらに尊敬語の「れる・られる」をつけた二重敬語です。シンプルに「おっしゃる」を使いましょう。

▼ クレームの内容を確認するとき

✕ 担当部署におつなぎする前に、まずはお話を聞かせてください

○ くわしいお話を
お聞かせいただけませんでしょうか？

＋… 恐れ入りますが…

電話でのクレーム対応は、第一声が肝心です。「お聞かせいただけませんでしょうか？」とお願いの形をとることで、相手の信頼を得ることができます。「恐れ入りますが…」などのクッション言葉も忘れずに。

▼ 明らかな非をわびるとき

✕ ご迷惑をおかけしたようで…

○ わたくしどもの不手際でご迷惑をおかけし、
まことに申しわけございません

…＋ 心からおわび申し上げます

「ご迷惑をおかけしたようで」というあいまいな表現は、責任を回避している印象を与え、誠実さに欠けます。「まことに申しわけございません」「心からおわび申し上げます」などと、おわびの言葉を述べましょう。

▼ 相手の怒りをしずめるとき

✕ お客さまは、なぜお怒りなのでしょうか？

○ ○○様の**お怒りはごもっとも**でございます

＋… このたびは、たいへんご迷惑をおかけしております

相手が感情的になっているときは、納得の姿勢を示して、怒りをしずめることが先決です。「今後、いかがいたしましょうか？」と相手の要望を確認し、対応策を見つけましょう。

▼ 説明不足をわびるとき

✕ 担当者の言葉が足りず…

○ **わたくしどもの説明がいたらず…**

＋ 申しわけございません

個人のミスであっても、会社の責任であることにはかわりありません。責任を担当者一人に押し付けているような印象を与えないように注意しましょう。

▼ 即答を避けて、原因を究明したいとき

△ できるだけ早く、ご連絡をさしあげます

○ **担当の者に確認をいたしまして、**
折り返しこちらからご連絡いたします

＋ 1時間ほどお時間をいただけますでしょうか?

折り返しの連絡を約束するときは、期日を具体的に伝えましょう。相手が電話を切ろうとしないときは、「いったん電話をお切りになって、お待ちください」と丁重にお願いをします。

▼ 上司に相談をしたいとき

✕ わたくしではよくわからないので、お答えのしようがありません

○ **申しわけございませんが、**
わたくしの一存ではお答えしかねます

＋ 上司と相談いたしまして、こちらから改めてご連絡をさせていただきます

「わからない」「できない」という否定的な発言はNG。「わたくしの一存ではお答えしかねます」と返答し、あとで連絡する旨を約束します。理不尽な対応をせまられたときは、「お話の意図をはかりかねます」などと返しましょう。

▼ 責任者にかわるとき

✕ 他の者にかわるので、ちょっとお待ちください

○ **わたくしではわかりかねますので、担当の者にかわります**

言い換え 担当の者が戻りしだい、こちらからすぐにご連絡をさしあげます

話の途中で電話をかわるときは、同じ説明を相手にさせないように、引継ぎをスムーズに行いましょう。たらい回しにしているような印象を与えると、相手をさらに怒らせてしまい、事態の決着を遅らせます。

▼ 名前と連絡先を聞くとき

✕ 名前と電話番号を教えてください

○ **お客さまのお名前とご連絡先をうかがえますでしょうか？**

＋… 恐れ入りますが…

「うかがえますでしょうか？」と相手の許可を得るような聞き方をします。「お名前」「ご連絡先」につけた「お」「ご」は、相手を立てるための尊敬語です。

COLUMN

否定や命令を他の表現に言い換える

周囲から一目置かれている社会人は、敬語や言葉づかいだけではなく、表現にも工夫を凝らしています。取引先とのやりとりや接客では、否定や命令を他の言葉に言い換えることで、相手の同意や許可を得やすくなります。

否定は、肯定的な表現に言い換える

✕ わかりません ➡ ○ **わかりかねます**

例 その件につきましては、こちらではわかりかねます

✕ できません ➡ ○ **いたしかねます**

例 本日中のお届けは、いたしかねます

頭ごなしの否定や断定的な拒絶は、相手を不快な気分にさせることがあります。「〜しかねます」という丁寧な表現を用いて、相手への配慮を示し、「意にそえず、申しわけない」という気持ちを間接的に伝えましょう。

お願いをするときは、依頼の形をとる

✕ 〜してください ➡ ○ **〜していただけませんか?**

例 打ち合わせの日時を変更していただけませんか?

✕ 〜しないでください ➡ ○ **ご遠慮いただけないでしょうか?**

例 おタバコはご遠慮いただけないでしょうか?

お願いごとをするときは、「〜していただけないでしょうか?」と、依頼の形をとるのがコツ。命令口調になったり、強制のニュアンスをふくむと、相手の同意や協力を引き出すことが難しくなります。

PART 4

シーン別会話文例

コミュニケーション

受け答え

必ずしも敬語にとらわれることはありませんが、日常的なコミュニケーションが職場のチームワークを強固なものとし、人間関係にうるおいをもたらします。

▼ 仕事を任せられた上司に「ありがとう」と言われたとき

△ どういたしまして

○ 行き届きませんで…

言い換え お役に立てましたでしょうか？

目上の人に対して「どういたしまして」と述べるのは、やや不遜。「行き届きませんで…」という返答には、「一所懸命やりましたが、ご満足いただけましたでしょうか？」という謙遜の気持ちがこめられています。

「行き届きませんで…」は、謙譲の美徳を表した言葉です。「力不足かもしれませんが、ご満足いただけましたでしょうか？」という謙遜の気持ちを伝えましょう。

▼ 上司や先輩の話に相づちを打つとき

✕ なるほど

○ はい／そうですか／わかりました

言い換え かしこまりました／勉強になりました

「なるほど」は、目上の人が目下の人に感心したときの相づちです。目下の人が目上の人に対して使うと、相手を評価するようなニュアンスに受け取られてしまいます。会話に合わせて臨機応変に相づちを返しましょう。

▼ 感心するとき

△ 本当ですか！

○ さすがでいらっしゃいますね

言い換え そうですか

「本当ですか！」という相づちは、相手の発言を疑っているような印象を与えかねません。軽い確認の意味で「マジですか！」を使うのも厳禁です。

▼ 手を貸すとき

△ やりましょうか？

○ よろしければ、お手伝いいたしましょうか？

言い換え 何かお手伝いできることはありませんか？

「やりましょうか？」では、ぞんざいな印象を与えかねません。言われたことをしかたなくやるのではなく、自分からすすんで協力を申し出るような言い方を心がけましょう。

▼ 協力の申し出を断るとき

✕ けっこうです／大丈夫です

○ 目処がつきましたので、どうかお気づかいなく…

＋ ありがとうございます

「けっこうです」だけの返答は、肯定の意味とも、否定の意味ともとれるのでNG。また、「大丈夫です」には、「あなたの助けを借りずに、なんとか自分だけの力で済ませます」というニュアンスもかぎとれます。

▼ すすめられて断るとき

✕ いいです

○ いいえ、けっこうです

＋ ありがとうございます

相手に何かをすすめられたら、「はい」または「いいえ」という言葉を使って、意思をはっきりと示しましょう。そのあとに、「ありがとうございます」の言葉をそえると、感謝の気持ちも伝わります。

▼ 上司に調子をたずねられたとき

✕ なんとかやっております

○ おかげさまで、少しずつ仕事に慣れてまいりました

＋ いつも気にかけてくださり、ありがとうございます

上司が声をかけてくれたときは、感謝の言葉を述べるのが礼儀です。「なんとかやっております」では感謝の気持ちも、仕事に対する前向きな姿勢も伝わりません。

▼ 励まされたとき

✕ もう少し、がんばってみます

○ ご期待にそえるように、がんばります

＋ お心配りありがとうございます

上司や先輩から叱咤激励の言葉を投げかけられたときに、無反応でいるのは好ましくありません。「がんばります」と言って、明るく前向きな姿勢をアピールしましょう。感謝の言葉をそえることも忘れずに。

▼ 上司に仕事ぶりをほめられたとき

△ とんでもございません

○ ありがとうございます。おほめいただき恐縮です

＋ 今後ともご指導、よろしくお願いいたします

上司に仕事ぶりをほめられたら、感謝の気持ちを率直に言葉に表すべきです。謙遜の気持ちを表す「とんでもございません」は、相手の言葉を否定するニュアンスをふくむので、使い方に気をつけましょう。

上司や先輩からの誘い

仕事のあと、食事やお酒に誘われたときの文例です。上司や先輩に対しては、プライベートな場であっても、言葉づかいに気をつけて、相手を立てなければなりません。

▼ お酒や食事の席での会話

▲ 部長は、このお店をよく<u>ご利用される</u>んですか？

○ 部長は、このお店をよく**利用される**んですか？

言い換え このお店をよく**ご利用なさる**んですか？

適切な敬語は「利用される・利用なさる・ご利用になる・ご利用なさる」です。「ご利用される」は、謙譲語として用いられる「ご〜する」に、尊敬語の「れる」をつけた形なので、敬語の使い方として適切ではないと考えられています。

お店の雰囲気をほめるとき

すてきな内装でいらっしゃいますね

すてきな内装ですね

行きつけのお店をほめることは、相手を喜ばせることにつながります。ただし、尊敬語を人以外に使うのはNG。「いらっしゃる」を用いずに、「すてきな内装ですね」と言いましょう。

▼ 食事やお酒を誘われたとき

✕ いいですよ

〇 はい、喜んでお供いたします

言い換え ぜひごいっしょさせていただきます

宴席に同行するときは、自分からすすんで参加するという意思を見せるのが礼儀です。「いいですよ」では、誘われたからしかたなく参加するというような、消極的な印象を与えかねません。

▼ 予定が入っていて誘いを断るとき

✕ 今日はちょっと野暮用がありまして…

〇 本日はどうしても外せない予定が入っておりまして…

＋… お誘いありがとうございます

感謝の気持ちを伝えたあとで断るのが基本。「野暮用」とは、わざわざ説明するほどではない、つまらない用事のこと。「ちょっと野暮用が…」と告げると、理由をぼかした表現になるので、良い印象を与えません。

▼ 体調が悪くて誘いを断るとき

✕ 今日はやめておきます

〇 せっかくのお誘いなのですが、風邪気味で体調が万全ではありません

…＋ 次回は必ず参加させていただきますので、またお声かけいただけますでしょうか？

「ありがとうございます」と、お誘いに対する感謝の言葉を述べてから、やむを得ず辞退する事情を説明します。「次回また声をかけてほしい」という気持ちを伝えると、相手も次の機会に誘いやすくなります。

▼ 料理をすすめられたとき

✕ では、ご遠慮なくいただきます

○ 恐れ入ります

＋ それでは、いただきます

うっかり使ってしまいがちですが、「遠慮なく」は本来、すすめるほうが使う言葉です。お酌をされたときは、だまって受けるのではなく、「恐れ入ります。では、いただきます」などと述べます。

▼ お酒が苦手だと申し出るとき

△ すみません。わたし、下戸なんです

○ 不調法で、申しわけありません

＋ それでは一杯だけ、いただきます

「不調法」は、お酒のたしなみがないことをへりくだって伝える言葉。したがって、「部長は、不調法でしたよね」とは言いません。また、「下戸」は差別的な意味もふくむので、目上の人に対しては使わないほうがいいでしょう。

▼ 相手が支払うと言ったとき

△ （即座に）ありがとうございます

○ それでは、お言葉にあまえさせていただきます

＋ （会計を済ませてから）ありがとうございます

上司や先輩にご馳走すると言われたときは、一度は辞退して支払う姿勢を見せるのが礼儀。もう一度すすめられたときに、丁寧にお礼を言って好意を受け取りましょう。

▼ ごちそうになったときのお礼

✕ すみません

○ **ごちそうさま**でした。
とてもおいしくいただきました

関連 昨日（さくじつ）は、ありがとうございました

感謝の気持ちを表すときは、「すみません」ではなく、「ごちそうさまでした」「ありがとうございます」などと述べます。翌日、会社で顔を合わせたときに、もう一度、お礼を言うことも忘れずに。

▼ 2軒目の誘いを断るとき

△ わたしは、ここで失礼します

○ **ぜひお供したい**のですが…

＋ 次回またお誘いください

熱心な誘いを即座にお断りするのは失礼です。「やむをえず帰宅する」という気持ちを伝えましょう。

社内の人とのコミュニケーション

上司や先輩からの誘い

昨日はありがとうございました

日常的な声かけ

正しい言葉づかいは、失敗を繰り返すうちにだんだんと身についていくもの。上司や先輩との積極的な対話は、敬語を修得する絶好のチャンスになります。

▼ 上司や先輩と同じタイミングで外出するとき

✕ どちらへお出かけになられるのですか?

○ ○○さんは、
どちらへ**お出かけになる**のですか?

＋ では、駅までごいっしょさせてください

「お出かけになられる」は、「お出かけになる」という尊敬語に、「れる・られる」がついた二重敬語です。「お出かけになる」とシンプルに言い換えましょう。

×「ご覧になられる」	→	○「ご覧になる」
×「おっしゃられる」	→	○「おっしゃる」
×「お越しになられる」	→	○「お越しになる」
×「お帰りになられる」	→	○「お帰りになる」「帰られる」

丁寧に言おうとすると、うっかり使ってしまいがちな二重敬語。注意しましょう。

▼ 昼食を済ませたかと聞くとき

✕ 昼食をいただかれましたか?

○ 昼食を**召し上がりましたか?**

言い換え 昼食をお食べになりましたか?

「いただく」は「食べる」の謙譲語なのでNG。尊敬語の「召し上がる」を用います。尊敬の気持ちはやや軽くなりますが、「お食べになりましたか?」「食べられましたか?」と聞くこともできます。

▼ お茶を飲みたいかどうかたずねるとき

✕ 課長も、お茶をお飲みになりたいですか?

○ 課長も、お茶を**お飲みになりますか?**

言い換え お茶、いかがですか?

上司や先輩にものをたずねるときは、言葉の選び方に細心の注意を払いましょう。「お飲みになりたいですか?」と聞くよりも、「お飲みになりますか?」とたずねたほうが、丁寧な印象を与えます。

▼ 上司に知っているかとたずねるとき

✕ 部長は、○○社の社長を存じ上げていますか?

○ 部長は、○○社の社長を**ご存じですか?**

言い換え 部長は、○○社の社長を知っていますか?

「存じ上げる」は〈向かう先〉の人物である、社長を立てる謙譲語です。この場合は、話の相手である部長を立てなければならないので、「ご存じですか?」と言います。

▼ 英語ができるかどうかをたずねるとき

△ 課長は、英語をお話になれるんですか?

○ 課長は、英語をお話しになりますか?

関連 課長は、釣りをなさいますか?

「お話になれるんですか?」は、上司の能力を問うニュアンスがあるので、部下の発言としてはいささか不適切。「お話しになりますか?」とたずねれば、事実を確認する形になるので、失礼にはなりません。

▼ 休日の予定をたずねるとき

△ ゴールデンウィークには、どこへいらっしゃるつもりですか?

○ ゴールデンウィークには、どちらへいらっしゃいますか?

言い換え 夏休みのご予定はお決まりですか?

「いらっしゃるつもりですか?」は、敬語表現の誤りではありませんが、上司に対する問いかけとしては、いささかぶしつけです。また、「どこへ」を「どちらへ」と言い換えれば、丁寧さが増します。

▼ 上司の家族に会ったことを伝えるとき

× このあいだ、奥さんに会いました

○ 先日、奥様にお目にかかりました

関連 先日、ご主人とごいっしょのところをお見かけいたしました

「お目にかかる」は「会う」の謙譲語です。「お会いしました」でもかまいませんが、「お目にかかる」のほうが相手を立てる気持ちが強くなります。また、「このあいだ」は「先日」と言い換えたほうが丁寧です。

▼ 上司に贈り物をするとき①

△ よろしければお食べください

○ **お口に合うかどうかわかりませんが、どうぞお召し上がりください**

言い換え めずらしい品なので、ぜひ召し上がってみてください

「お口に合うかどうかわかりませんが」という表現は、贈り物をするときの常套句です。ただし、場合によっては、「おいしいので食べてほしい」という気持ちをストレートに伝えたほうが、相手に好印象を与えることができます。

▼ 上司に贈り物をするとき②

✕ うちの母親が、部長に食べてもらいたいということで送ってきました

○ **実家の母が、部長に召し上がっていただきたいということで送ってまいりました**

言い換え 故郷から送ってきたものなんですが…

「召し上がる」（尊敬語）、「まいる」（謙譲語）を用います。「うちの母親」も「実家の母」と言い換えたほうが丁寧です。故郷の品だと言いそえれば、食べてほしいという気持ちを素直に伝えることができます。

社外の人とのコミュニケーション

親しい相手とのちょっとした会話

社外の人であっても、親しい間柄になれば、仕事以外の話をするようになります。ただし、どんな場合も、敬語を使って相手を立てることを忘れてはなりません。

▼ 住まいの場所をたずねるとき

✕ どこに住んでいるんですか？

○ **お住まいはどちらですか？**

言い換え どちらにお住まいですか？

相手との距離が縮まってきたら、住んでいる場所をたずねても失礼にはあたりません。「お住まい」は「住まい」の丁寧語。「どこ」ではなく、「どちら」を用いて、「どちらですか？」とたずねましょう。

住まいの場所をたずねられたとき

お住まいは〇〇です
〇〇に住んでおります

「お住まいはどちらですか？」と聞かれたときの応対です。相手の質問につられて、「お住まいは〇〇です」と返さないように注意しましょう。

▼ 趣味について触れるとき

✕ 最近は、ゴルフをやられていますか？

〇 **最近は、ゴルフをなさっていますか？**

関連 御社の社長も釣りをなさいますか？

「ゴルフをしていますか？」の丁寧な言い方です。「なさる」は、「する」の尊敬語。「やる」は敬語表現に不適切です。「ゴルフをおやりになっていますか？」としても、敬意は伝わりません。

▼ 身につけているものをほめるとき

✕ すてきなコートでいらっしゃいますね

〇 **すてきなコートですね**

関連 社長はいつもお元気でいらっしゃいますね

尊敬語を人以外に使うのはNG。「すばらしい絵でいらっしゃいますね」「かわいい猫ちゃんでいらっしゃいますね」などと言ってはなりません。

▼ 予定を聞くとき

✕ 今度は、いつこちらにまいられますか？

〇 **今度は、いつこちらにいらっしゃいますか？**

言い換え 今度は、いつこちらに来られますか？

「まいる」は謙譲語なので、相手の行為には使えません。尊敬語の「いらっしゃる」を用いて、「いらっしゃいますか？」とたずねましょう。

道をたずねる

通行人を呼び止め、場所や道順を教えてもらうときの敬語表現です。見知らぬ人と話すときも、相手を立てた丁寧な言葉づかいを心がけたいものです。

▼ 人を呼び止めるとき

✕ ちょっと、聞きたいのですが…

○ 恐れ入ります

＋ 道をおたずねしたいのですが…

「恐れ入ります」というクッション言葉で人を呼び止め、「たずねる（質問する）」の謙譲語である「おたずねする」「お聞きする」などを用います。「ちょっと」などの軽々しい表現は、つつしみましょう。

たずねる・聞く

謙譲語
- おたずねする
- お聞きする
- うかがう
- おうかがいする

「おうかがいする」は、「うかがう」＋「お〜する」の二重敬語ですが、習慣として定着しています。

▼ 道順や場所をたずねるとき

△ 駅は、どうやって行くんですか？

○ 駅へは、どのように行けばよろしいのでしょうか？

言い換え タクシー乗り場は、どちらにあるかご存じでしょうか？

人にモノをたずねるときは、敬語を用いるのが最低限の礼儀です。「どうやって」を「どのように」と言い換えるなど、言葉の選び方にも注意を払いましょう。

▼ 方角をたずねるとき

△ バスターミナルはどっちですか？

○ バスターミナルはどちらの方角でしょうか？

＋… 恐れ入りますが…

唐突に質問するのではなく、「恐れ入ります」「失礼いたします」などの言葉を述べてから、たずねましょう。「どっち」を「どちら」と言い換えるだけで、丁寧さが増します。

▼ お礼を述べるとき

△ どうもすみませんでした

○ ご丁寧にありがとうございました

言い換え ご親切にありがとうございました

「すみません」はとても便利な言葉ですが、世話になった場面で感謝の気持ちを伝えるときは、「ありがとうございました」という言葉を使いましょう。

公共の場所や乗り物の中で

敬語や正しい言葉づかいをマスターするだけでは、人と人との心の距離は縮まりません。周囲への気配りの心を忘れないようにしましょう。

▼立っている人に席を譲るとき

✕ 座りますか？

〇 よろしければ、どうぞ**おかけください**

言い換え よろしかったら、どうぞ**お座りください**

電車やバスの中で、年配の方や身体の不自由な方に、席を譲るときの声かけです。相手が遠慮された場合でも、「わたくしはすぐに降りますので…」といった配慮を見せたいものです。

空いている席に案内するとき

こちらの席が空いていますが、
おかけになりませんか？

立っている人に、席が空いていることを教えてあげるときの一言です。「おかけになりませんか？」と疑問形でたずねれば、相手は好意を受けやすくなります。

順番をゆずるとき

よろしければ、お先にどうぞ…

レジやチケット売り場などの前で、人に順番をゆずるときの一言です。相手がお礼の言葉を述べたら、「どういたしまして」と返しましょう。

▼ となりに座るとき

✕ ここ、いいですか？

○ こちらのお席、空いていますか？

＋（「どうぞ」と言われたら）恐れ入ります

映画館やカフェ、乗り物の中での一言です。空席だとわかっていても、無言で座るのは感じが悪いものです。となりに座っている人に、このような言葉をかけましょう。「どうぞ」と言われたら、「恐れ入ります」と返します。

▼ 困っている人に声をかけるとき

△ どうかいたしましたか？

○ どうかなさいましたか？

言い換え 何かお困りでしょうか？

気分が悪そうな人や、道に迷っている人への声かけです。「どうかいたしましたか？」には、「何か不都合が発生しましたか？」というニュアンスがふくまれるので、相手の気分を害することがあります。

▼ 落し物をした人に声をかけるとき

✕ これ、あなたのではありませんか？

○ こちら、落とされませんでしたか？

言い換え 失礼ですが、傘をお忘れではありませんか？

「これ」を「こちら」と言い換えます。「あなた」という二人称は、もともとは目上の人に使う敬称でしたが、現在は対等または目下の相手に対してしか使いません。

本書の内容に関するお問い合わせは、**書名、発行年月日、該当ページ**を明記の上、書面、FAX、お問い合わせフォームにて、当社編集部宛にお送りください。**電話によるお問い合わせはお受けしておりません。**
また、本書の範囲を超えるご質問等にもお答えできませんので、あらかじめご了承ください。
FAX：03-3831-0902
お問い合わせフォーム：http://www.shin-sei.co.jp/np/contact-form3.html

落丁・乱丁のあった場合は、送料当社負担でお取替えいたします。当社営業部宛にお送りください。
本書の複写、複製を希望される場合は、そのつど事前に、(社)出版者著作権管理機構(電話：03-3513-6969、FAX：03-3513-6979、e-mail：info@jcopy.or.jp)の許諾を得てください。
[JCOPY] ＜(社)出版者著作権管理機構 委託出版物＞

敬語の教科書1年生

2016年3月15日　初版発行

編　者　　新星出版社編集部
発行者　　富　永　靖　弘
印刷所　　株式会社高山
発行所　　東京都台東区　株式　新星出版社
　　　　　台東2丁目24　会社
　　　　　〒110-0016 ☎03(3831)0743

Ⓒ SHINSEI Publishing Co., Ltd.　　　　Printed in Japan

ISBN978-4-405-10273-6